宋·朱熹 撰

伊洛淵源録

（二）

中國書店

詳校官編修臣周瓊

伊洛淵源録卷七

宋 朱子 撰

呂侍講

家傳略

公諱希哲字原明正獻公之長子也以恩補官元裕中為講官遷諌官不拜紹聖初出知太平州坐黨謫居和州徽宗台為光禄少卿出守奉祠而卒

正獻公居家簡重寡默不以事物經心而申國夫人性嚴有法度雖甚愛公然教公事事循蹈規矩甫十歲祁寒暑雨侍立終日不命之坐不敢坐也日必冠帶以見長者平居雖天甚熱在父母長者之側不得去巾襪縛袴衣服惟謹行步出入無得入茶肆酒肆市井里巷之語鄭衛之音未嘗一經于耳不正之書非禮之色未嘗一接于目正獻公通判潁州歐陽文忠公適知州事焦先生千之伯強客文忠公所嚴毅方正正獻公招延之

使教諸子諸生少有過差先生端坐召與相對終日竟夕不與之語諸生恐懼畏服先生方略降辭色時公方十餘歲內則正獻公與申國夫人教訓如此之嚴外則焦先生化導如此之篤故公德器成就大異衆人公嘗言人生內無賢父兄外無嚴師友而能有成者少矣公始從安定胡先生瑗于太學後遍從孫先生復石先生介李先生覯王公安石學安石以為凡士未官而事科舉者為貧也有官矣而復事科舉是僥倖富貴利達

學者不由公聞遽棄科舉一意古學始與程先生頤俱事胡先生居並舍公少程先生一二歲察其學問淵源非他人比首以師禮事之而明道先生顥及横渠張先生載兄弟孫公覺李公常皆與公遊由是知見日益廣大然公亦未嘗專主一說不私一門務略去枝葉一意涵養直截徑捷以造聖人

嘗言往與二程諸公遊一日會相國寺論事詳盡伯淳忽歎曰不知此地自古至今更曾有人來此地說此話

耶葢此處氣象自有合得如此人說此等話道理也然公取人先論知見次乃考其所爲嘗言正叔先生自小說話過人嘗笑人專取有行不論知見者又說世人喜說某人只是說得正叔言只說得好話亦大難好話亦豈易說也公以爲二程遠過衆人者學皆類此

王公安石與正獻公既相推重而公又從之學自嘉祐間内外事多不甚治王公與當世諸賢務欲變更畧放前代别立法度登進善人修建學校其所施設者公皆

預聞之矣然自秉政施設次第往往與舊說不合又愎
自諫自信動失衆心寖與公父子不同後欲用其子雱
侍講殿中乃欲先引公公固辭乃止
公為說書凡二年日夕勸導人主以修身為本修身以
正心誠意為主心正意誠天下自化不假他術身不能
修雖左右之人且不能喻況天下乎
公雖性至樂易然未嘗假人辭色悅人以私在邢州日
劉公安世適守洺州邢洺鄰州也公之子疑問嘗勸公

與劉公書通勤懇公曰吾素與劉往還不熟今豈可先意相結私相附託耶卒不與書

公晚居宿州真陽閭十餘年衣食不給有至絶糧數日者公處之晏然靜坐一室家事一切不問不以毫髪事託州縣其在和州嘗作詩云除卻借書沽酒外更無一事擾公私閑居日讀易一支遍考古今諸儒之説默坐沉思隨事解釋夜則與子孫評論古今商榷得失久之方罷

公之行己務自省察校量以自進益晚年嘗言十餘年

前在楚州橋壞墮水中時覺心動數年前大病已稍勝前今次疾病全不動矣其自力如此

元祐初程先生議請封建欲自封孔子後始公曰方今母后臨朝衆議不一扶傷敗如是足矣此豈大有為時耶程先生默然而去按程氏文集修立孔子條制但云添賜田幷舊賜為五百頃設溝封為奉聖鄉世襲奉聖公爵以奉祭祀未嘗遽請便行封建也

公自少年既從諸老先生學當世善士悉友之矣晚更從高僧圓照師宗本證悟師修顒遊盡究其道別白是

非斟酌深淺而融通之然後知佛之道與吾聖人合本

中嘗問公二程先生所見如此高遠何以却佛學公曰

只爲見得太近

遺事八條

滎陽公在淮陽時東萊公爲曹官所居廨舍無几案以

竹縛架上置書冊器皿之屬悉不能具處之甚安其簡

儉如此見呂氏雜志下同

滎陽公晚年習静雖驚恐顛沛未嘗少動自歷陽赴單

父過山陽渡橋橋壞轎人俱墜浮于水而滎陽公安坐轎上神色不動從者有溺死者時徐仲車先生年幾七十矣作我敬詩贈公曰我敬呂公以其德齒敬之愛之何時已已美哉呂公文在其中見乎外者古人之風惟賢有德神相其祉何以祝公勿藥有喜

仙源嘗言與侍講為夫婦相處六十年未嘗一日有面赤自少至老雖袵席之上未嘗戲笑滎陽公處身如此而每歎范内翰以為不可及

滎陽公與諸人云自少官守處未嘗干人舉薦以為後生之戒仲父舜從守官會稽人或譏其不求知者仲父對詞甚好云勤于職事其他不敢不慎乃所以求知也見童蒙訓

滎陽公嘗言世人喜言無好人三字者可謂自賊者也

包孝肅尹京時民有自言有以白金百兩寄我者死矣予其子其子不肯受願召其子予之尹召其子辭曰亡父未嘗以白金委人也兩人相讓久之公言觀此事而

言無好人者亦可以少愧矣人皆可以為堯舜者葢觀于此而知之

公嘗言孝子事親須時時躬親不可委之使令也嘗觀穀梁言天子親耕以供粢盛王后親蠶以供祭服國非無良農工女也以為人之所盡事其祖禰不若以己所自親者也此說最盡事親之道又說為人子者視于無形聽于無聲未嘗頃刻離親也事親如天頃刻離親則有時而違天天不可得而違也見呂氏雜志

滎陽公嘗言後生初學且須理會氣象氣象好時百事是當氣象者辭令容止輕重疾徐足以見之矣不惟君子小人于此分焉 亦貴賤壽夭之所由定也

又嘗言攻其惡無攻人之惡蓋自攻其惡日夜且自點檢絲毫不盡則不慊于心矣豈有工夫點檢他人邪

元祐間伊川先生既歸洛寄范公醇夫書云丞相久留左右所助一意正道者實在原明乎

崇寧元年叔父舜從至洛中請見先生先生召食坐間

問事甚衆先生一一酬答臨行又請教語甚詳既而微笑曰却只被公家學佛舜從即侍講之子也

范内翰名祖禹字淳夫蜀人元祐中為給練講讀官入翰林為學士後坐黨論貶死家傳遺事載其言行之懿甚詳然不云其嘗受學于二先生之門也獨觧于綽傳信録記伊川事而以門人稱之又其所著論語説唐鑑議論亦多資于程氏故今特著先生稱道之語以見梗槩他不得而知也

遺事五條

范淳夫嘗與伊川論唐事及為唐鑑盡用先生之論先生謂門人曰淳夫乃能相信如此見程氏外書

元祐中容有見伊川先生者几案無他書惟印行唐鑑一部先生謂容曰近方見此書自三代以後無此議論見范公遺事

伊川先生曰昨在講筵曾説與温公云更得范淳夫在筵中尤好温公彼時一言亦失却道他見脩史自有門路頭應之曰不問有無門路但筵中須得他温公問何故頤曰自度少温潤之氣淳夫色温而氣和尤可以開陳是非導人主之意後來遂除侍講見程氏遺書

尹彦明問范淳夫之為人先生曰其人如玉見外書

楊學士名國寶字應之無他敘述獨伊川有祭文而呂氏諸書記其言行之一二然詳祭文亦先生交遊耳非門人之列也呂氏言其元豐中己老則年輩與先生亦相若云

祭文

嗚呼昔予與君邂逅相遇于大江之南言契氣合遂從予遊歲時三紀情均骨肉忽聞來訃何痛如之嗚呼應之誰謂君而止于此乎高才偉度絕出羣類善志奇蘊曾未得施天胡為厚其稟而嗇其年人誰不死君之死

為可恨也奚止交舊之情悲哀而已管城之原歸祔先兆屬予衰年憚于長道不能臨穴一慟以伸予情姑致菲薄之奠魂兮其來歆此誠意

遺事六條

楊國寶應之予從姑之子也少强學力行元豐中會于都城予見其貧而不屈老而益壯以詩贈之曰獨抱遺經唐處士差强人意漢將軍見呂氏家塾記

楊應之勁挺不屈自為布衣以至官于朝未嘗有求于

人亦未嘗假人以言色也篤信好學至死不變見童蒙訓下同

應之元祐間用范丞相堯夫薦館職不就試授成都轉運判官有屬官與之辯論應之嘉其才即薦之朝自成都召為校書郎有遠房舅在蜀中官滿貧不能歸應之盡以成都所得數百千遺之其自立如此

楊十七學士應之力行苦節學問贍博而弘致遠識特異流俗常題所居壁云有竹百竿有香一爐有書千卷有酒一壺如是足矣伊川先生常以為交遊中惟楊應

之有英氣見吕氏雜志下同

伊川先生曰楊應之在交遊中英氣偉度過絶于人未見其比可望以託吾道者應之樂善尚德而議論不苟云以富文忠公處事尤不免有心如孫威敏操行不端石守道行多詭激特以二人附已乃薦威敏可代已守道可任臺諫又知劉原父文學絶人而以其喜訕韓富亦加擯抑凡此之類未免有心况常人乎雖然毫髮之失生于心術其流之弊有不可勝言者豈不要賢師友

以規正其徼邪此應之之論也楊應之兄弟皆安貧樂道未嘗少屈于人元豐間親喪服除至京師寓予家揄林舊第日以麤飯置一盂又以一盂盛菜蔬兄弟分食之甘如飴蜜不求于人卒能有立云

朱給事

墓誌銘　　范内翰

公諱光庭字公掞河南偃師人父景光禄卿贈太尉母

宗氏崇國太夫人李氏會昌縣太君嘉祐二年登進士第調萬年主簿數假邑事邑人謂之明鏡時程伯淳主鄠縣簿張山甫主武功簿與公皆以才名稱關中號為三傑文潞公舉應制科會仁宗登遐罷試丁內外艱服除為修武令邑有牧地民久侵冒轉易皆為稅籍朝廷遣使按畝加程總四萬餘石公爭之得減萬餘石改垣曲令它邑斂青苗錢類以嚴取辦公不笞一人而輸以時足以樞臣薦得召對神宗問所治何經公對以少從

徐復授春秋又問中外有所聞乎公對曰陛下即位以來更張法度臣下行之或非聖意故有便有不便誠能去其不便則天下均被福矣呂丞相大防守長安辟僉書判官朝廷伐西夏五路出師雍爲都會事多倚公以辦調發有非朝廷意而急于期會者公執白不從部使者怒宣言將加以乏軍興罪公請督治嶽祠以避之神宗山陵韓獻肅公尹洛奏公勾當山陵大事以時集洛人不知有大役司馬文正公薦召爲左正言首以辨大

臣忠邪爲言又請天子燕閒與儒臣講習罷提舉常平官不散青苗錢廣儲蓄備水旱太學置明師以養人才論奏無虚日多所薦達人無知者太皇太后嘉公正直諭以朝廷闕失當安心言之勿畏避公自以遇二聖之知夙夜竭力知無不言時進退大臣損益政事公密勿啓沃多見施行遷左司諫請罷遣使高麗褒崇先聖增錫土田別異世襲論急務十事一議官制二罷保甲三糾合宗室四省浮費五罷京師倉法六汰冗官七議河

患八慎數易吏九懲獄官慘酷十禁淫祠河北饑遣公
賑濟大發倉廩所全活甚衆拜右諫議大夫請召講官
便殿訪以治道是歲旱論救災十事遷給事中有詔幸
後苑賞花釣魚燕羣臣會春寒請罷燕以祗天戒其夏
日食上疏論修德應變乞戒諸州讞獄毋得爲疑似之
言以論事求外補除集賢殿修撰知亳州數月復召爲
給侍中劉丞相摯罷政守鄆公封還麻制坐落職復知
亳州歲餘知潞州遷集賢院學士紹聖元年三月辛丑

晦以疾卒於官年五十八天性純孝居太尉喪廬墓側三年事叔父盡其道教諸弟以友愛上下敦睦靡有間言為人端厚方重望之可畏即之謙恭虚己常若不足修身治家居官立朝與朋友交一以至誠再守亳人懷其德為之立祠亳大饑公開倉賑濟量口賦粟五月而止民無菜色在潞以鄰境荒歉流民至者盈路公勞來安定日為食而食之一日食饑者至暮不暇食遂感疾猶强視事未終前二日禱雨拜不能興憂民之心瞑而

後已初受學于安定先生告以為學之本主于忠信公終身力行之後又從程伯淳正叔二先生于洛陽其所聞以格物致知為進道之門正心誠意為入徳之方公服行之造次不忘見善勇如賁育惟恐不及見不善如避水火常謂百世以俟聖人而不惑者惟孔孟為然故力排異端以扶聖道家資素厚所取甚薄仕至朝列猶糲食不足後歴清顯其自奉如故時娶王氏封仁壽縣君子純之假承務郎其年五月葬公偃師先塋之次來

請銘銘曰嗚呼公挾誠明篤實行直而方居則慎獨靡
有作輟道學之强正色于朝見義能勇志氣之剛我思
古人庶見來者今也則亡其名在人其事在史愈久而
光祈村之原前洛後邙永固其藏

祭文　伊川先生

嗚呼道既不明世罕信者不信則不求不求則何得斯
道之所以久不明也自予兄弟倡學之初衆方驚異君
時甚少獨信不疑非夫豪傑特立之士能如是乎篤學

力行至于沒齒志不渝于金石行可質于神明在家在邦臨民臨事造次動静一由至誠上論古人豈易其比蹇蹇王臣之節凛凛循吏之風著見事為皆可紀述謂當大施于時必得其壽夭胡難忱遽止于此嗚呼哀哉不幸七八年之間同志共學之人相繼而逝劉質夫李端伯呂與叔范巽之楊應之相繼而逝也今君復往使予踽踽于世憂道學之寡助則予之哭君豈特交朋之情而已卭山之陽歸祔先宅思半生之深契痛音容之永隔陳薄奠以將誠庶英

靈兮來格

遺事四條

公挾昨在洛有書室兩旁各一牖牖各三十六隔一書天地之要一書仁義之道中以一榜書毋不敬思無邪中處之此意亦好見程氏遺書

朱公挾上殿神考欲再舉安南之師公挾對願陛下禽獸畜之見龜山語録

十一月三日朱給事封還劉丞相麻制以摯有功大臣

不當無名而去言者若指臣為朋黨願被斥而不辭六日中丞鄭雍攻朱乞正黨與之罪八日公挾以本官再知亳州呂相以其召而不至又不悅其封還麻制但以本官出簾中殊不怒也見王彥霖繫年錄

自熙寧元祐靖國間事變屢更當其時固有名蓋天下致位廟堂得行所學者然夷考其事猶有憾焉如張天祺朱公挾等可謂奮不顧身盡忠許國而議論亦多過矣乃知理未易窮義未易精言未易知心未易盡聖賢

事業未易到也見胡文定公集

伊洛淵源錄卷七

欽定四庫全書

伊洛淵源録卷八

宋 朱子 撰

劉博士

墓誌銘 李 籲

元祐元年閏二月詔侍從諫官御史各舉經明行修可充内外學官者資政殿大學士兼侍講韓公維以開封府陳留縣尉劉絢名聞授京兆府府學教授侍御史王

巖叟今正言朱光庭又皆言近春秋學廢已久絢少通春秋宜為博士詔復以君為太學博士及就試不幸有疾猶勉力學校論議不倦學者多親之病甚請外未報以二年六月十二日卒于官自公卿大夫師友學士莫不傷之噫其傷也豈私乎哉蓋以純學懿行君子為難得也君字質夫先世常山人曾祖諱懷寶贈光祿少卿祖諱舜卿尚書虞部郎中致仕贈金紫光祿大夫以仕宦始家河南其後因葬焉父師旦今為朝散大夫致仕

妣安仁縣君余仲姑也君生質明粹長而溫恭自髫齓時已有老成器結髮即事明道先生程氏兄弟受學焉君所授有本末所知造淵微知所止矣孜孜焉不知其他也天性孝弟樂善而不為異端所惑故其履也安內日加重而無加戰之病故其行也果外雖溫然可親遇事剛毅自立其質之美學之力也如此明道常謂人曰他人之學敏則有矣未易保也斯人之志吾無疑焉君幼以祖蔭得官少嘗應進士舉再至禮部後不復為也

初仕河南府壽安主簿尹台府中且俾勾稽公厨賔客之費凡尹之子弟預者皆計而償之尹始不悦卒以此善公臨事不苟率類此元豐中移潞之長子令邑俗淳古而公又誠愛公家負逋不施箠朴以期而集有一夫貧甚自言未有以償公惻然為寛其期鄉人遂以代輸終其去遂不督一人歲旱田税十當蠲七八府遣官覆視所蠲才二三君力爭不能得乃封還其榜請改之不聽民詣闕訴詔遣通判躬按卒得如君言府由是憾君

乃以公事置公罪丁安仁縣君憂父老數千百人送至郡境君重謝遣皆涕泣而還富文忠語人曰劉絢古縣令也舉予之所見者一二槩可見矣惜乎朝廷方知而用之年纔四十三而沒平生蘊積見于時及于物者固未博是可傷也已沒時家無千錢諸公士友相與賻之始克歸葬河南府偃師縣洛南鄉土中村北邙原先塋之次其年十月十九日也君之為人氣和而體莊持論不苟合跬步不忘學既病與予言曰每昏悶時正坐端

意氣即下平居持養氣可忽乎同舍吕與叔過問疾君曰死生常理無足言者獨念累吾親耳君自幼治春秋其學祖于程氏專以孔孟之言斷經意將没之時尚以例類質于大夫君平時有遺藁未就將終啟手足自盥醴猶道詩書語安然而逝可謂力學者也君與人俱學有所知惟恐不與人共也予晚始聞善賴君以告語者多矣今予之悲豈特親戚之情乎君娶白氏屯田員外繹之女子男一人伯順銘曰嗚呼質夫不可得而見也

學以致道蓋如子者鮮也養之溫溫淳乎善也發之鏗

鏗堅不變也嗟世習非滔滔競迷不有豪傑孰逃而歸

尚豈若子安而蹈之進以知止本以不欺其出無惑歸

生曷疑猶身之長日益莫知試其所遭乃審所持力久

內明見于融怡德未大施君子是悲彼而不知我何說

為人有知之起以此詩

祭文　　伊川先生

嗚呼聖學不傳久矣吾生百世之後志將明斯道興斯

學于既絶力小任重而不懼其難者蓋亦有冀矣以謂苟能使知之者廣則用力者衆何難之不易也游吾門者衆矣而信之篤得之多行之果守之固若子者幾希方賴子致力以相輔而不幸遽亡使吾悲傳學之難則所以惜子者豈止游從之情哉兹焉歸葬不克臨穴姑因薄奠以叙其哀

遺事五條

劉質夫久于其事自小來便在此見程氏遺書下同

質夫沛然

劉質夫作春秋傳未成每有人問伊川必對曰已令劉絢作自不須頤費工夫也劉傳既成門人請觀伊川曰却須頤親作竟不以示人伊川沒後人方見之又有蜀人謝湜解春秋來呈伊川伊川曰更二十年後方可作見邢寛所記尹和靖語下同

今人多説曾見伊川又曰他自某人處傳得伊川學𤫊

昔見李端伯作劉質夫墓誌有記伊川語曰斯人之志

吾無疑矣然質夫春秋傳成伊川却親作何耶如孔子謂賜可以言詩未必三百篇皆與孔子見同惟復指當時一事今不可便謂子貢盡得孔子言詩之道今要箇劉質夫豈可復得然說我得伊川學哀哉

明道平和簡易惟劉絢庶幾似之見侯子雅言

李校書名籲字端伯緱氏人元祐中為秘書省校書郎嘗記二先生語一編號師說伊川稱之而祭文亦有傳學之語蓋自劉博士外他人無此言也

祭文　伊川先生

嗚呼自予兄弟倡明道學世方驚疑能使學者視傚而信從子與劉質夫為有力焉質夫于子為外兄弟同邑而居同門而學才器相類志尚如一予謂二子可以大受期之遠到而半年之間相繼以亡使予憂事道者鮮悲傳學之難嗚呼天于斯文何其艱哉官制有拘不克臨穴寄文為奠以叙其哀

又　　呂正字

嗚呼識子于南山渭水之曲知子于洛陽夫子之門風

期自振于流俗問學不異于淵源子之胷中閎肆開發求之孔門如賜也達子與人交洞照其情和而不流時靡有爭子之于事如控六轡逐曲舞交屈折如意予求友于四方顧所得之幾希志或同而才之不足才或高而志與之違子敏且強予心子契謂其有年以立斯世嗟如之何皇天降灾夭于中道使不得盡其才質夫之賢予聞有素昔予見之傾蓋如故迺得與子情親義敦定交莫逆不啻弟昆天不憖遺質夫且死同其弔傷有

予與子子疾繼作予為汝憂子懼親喪既歸莫留别未踰月子訃亦至驚疑怳惚若有所失不意二子之賢而一朝至此道之難行我今知之人之云亡孰知吾悲子之往矣天不相矣怳矣惘矣予奚望矣哀哉

遺事二條

李端伯相聚雖不久未見他操履然才識頴悟自是不能已也見程氏遺書下同

楊遵道問因見李籲録明道語云大則無所在剛則不

屈以直道順理而養之却與先生說别如何伊川云先兄無此言舊嘗令學者不要如此編録才聽得轉動便别舊見只有李籲本無錯他人多只依說時不敢改動或脱忘一兩字便大别李籲却得其意不拘言語往往録得都是不知尚有此語

藍田吕氏兄弟

寶文名大忠字進伯丞相汲公之兄元符末以寶文閣直學士卒實録有傳不載其學問源流今不復著但遺書中見其從學之實

宣義

行狀略

君諱大鈞字和叔姓吕氏其先汲郡人自祖而下葬藍田故今為京兆人嘉祐二年以進士中乙科授秦州司理監延州折博務改光禄寺丞知耀州三原縣事以諫議授果州乞代親入蜀移知綿州巴西縣事未赴旋以諫議致仕移疾不行丞相韓公絳宣撫陝西河東路辟君掌書寫機宜文字府罷除福州候官縣故相宣靖曾

公出鎮京兆薦君知涇陽縣皆不赴久之丁諫議憂服除復閒居數年自以道未明學未優曰吾斯之未能信于是不復有祿仕意講道勸義以教育人材變化風俗推其在己者以驗諸人將自期德成而致用也居無何士大夫皆惜其賢而不用以爲不仕無義由是多强君起不得已造朝大臣薦以爲宫邸教授非其志也會仲兄龍圖閣直學士大防知永興陳乞監鳳翔府造船務新官改宣義郎朝廷問罪西鄙鄜延路轉運司特請君

行師出暴露君臨事竭力不弛厥勞人勸君以他辭免而君義不辭難也以元豐五年夏六月癸酉感疾卒年五十有二君為人質厚剛正以聖門事業為己任所知信而力可及則身遂行之不復疑畏故識者方之季路而君之所趨蓋亦未見其止也蓋大學之廢絶久矣自扶風張先生倡之而後進獮于俗尚其才俊者急于進取昏塞者難于領解由是寂寥無有和者君于先生為同年友及聞先生學于是心悅誠服彬彬然執弟子禮

叩請無倦久而益親自是學者靡然知所向矣先生之學大抵以誠明為本以禮樂為行衆人則姑誦其言而未知其所以進于是焉君即若蹈大路朝夕從事不啻飢渴之營飲食也潛心玩理望聖賢之致尅期可到而日用躬行必取先生之法度以為宗範自身及家自家及鄉人旁及親戚朋友皆紀其行而述其事丁諫議憂自始喪至于葬祭一倣古儀所得為者而居喪之節鉅細規矩于禮雖昆弟共行之而君特勉執之彌謹由是

僚友稱其孝世人信其誠又推之祭祀冠昏飲酒相見慶弔之事皆不混習俗粲然有文以相接人咸安而愛之蓋君之所行雖以禮為主要在正其學立其守而又樂為人語故人皆由其教而說其義自是比比皆知禮為可行者君少時瞻學洽聞無所不該一日聞先生說遷其素志而前日之學博而以約即渙然冰釋矣故比他人功敏而得之尤多愛講明井田兵制以謂治道必由是悉撰成圖籍胷中了然若可推行又嘗作天下為一

家中國為一人二賦獻槩可見其志矣君既感疾一日命內外灑埽齋居寘然若思久之客至問安交語未終而沒則德性所養可以想見矣既卒其孫尚在鄉里夫人种氏治喪一如君所以治諫議之喪凡委巷浮屠煩鄙不經之事一不用于是延之學士大夫驚歎君之家法以見君之道固行于妻子矣子義山傳其父學蚤有立志

墓表銘　范育

惟君明善至學性之所得者盡之于心心之所知者踐之于身妻子刑之朋友信之鄉黨宗之可謂至誠敏德者矣乃表其墓曰誠德君子而系其世行云君性純厚易直強明正亮所行不二于心所知不二于行其學以孔子下學上達之心立其志以孟子集義之功養其德以顔子克己復禮之用厲其行其要歸之誠明不息不為衆人沮之而疑小辯奪之而屈勢利刧之而回知力窮之而止其自任以聖賢之重如此盖大學之教不明

于世者千五百年先是扶風張先生子厚聞而知之而學者未之信也君于先生為同年友一言而契往執弟子禮問焉君謂始學必先行其所知而已若夫道德性命之際惟躬行禮義久則至焉先生以謂學不造約雖勞而艱于進德且謂君勉之當自悟君乃信已不疑設其義陳其數倡而行之將以抗横流繼絶學毅然不恤人之非間已也雖先生亦歎其勇為不可及始居諫議喪衰麻斂奠葬祭之事悉捐習俗事尚一倣諸禮後乃

寢行于冠昏飲酒相見慶弔之間其文節粲然可觀人皆識其義相與起好矜行一朝知禮義之可貴久之君之志既克少施而于趨時求中未能沛然不疑然後信先生之學本末不可踰以造學為先務矣先生既沒君益修明其學將援是道推之以善俗且必于吾身親見之既而曰有命不得于今必得于後世其始講修先生之法曰如有用我者舉而措之而已既又知夫君子之德不存焉雖不試而不悔始也急于行已既乃至而不

逌優游乎道之可樂始也嚴乎率人既乃和而不解使學者趨而不厭嗚呼非持久不已孰能與于此君與人語必因其可所及而喻諸義治經說得于身踐而心解其文章不作于無用

正字 名大臨字與叔學于橫渠之門橫渠卒乃東見二先生而卒業焉元祐中為太學博士秘書省正字范內翰薦其修身好學行如古人可為講官不及用而卒有易詩禮中庸說文集等行世

祭文

嗚呼吾十有四年而子始生其幼也吾撫之其長也吾

誨之以至官學之成莫不見其始終于其亡也得無慟乎得無慟乎子之學博及羣書妙達義理如不出諸口子之行以聖賢為法其臨政事愛民利物若無能者子之文章幾及古人薄而不為四者皆有以過人而其命乃不偶于世登科者二十年而始改一官居文學之職者七年而逝茲可哀也已茲可痛也已子之婦翁張天祺嘗謂人曰吾得顏回為壻矣其為人所重如此子于窮達死生之際固已了然于胷中矣然吾獨不知子之

亡也將與物為伍耶將與天為徒耶將無所通而不可耶是未可知也子之才皆可以知此固不待吾之喋喋也今獨以喪事為告子之柩以方暑之始將卜辰歸祔于先塋乃擇明日遷于西郊之僧舍以待時焉嗣子省山實為喪祭之主將行一奠終天永訣哀哉

雍行録

伊川先生

元豐庚申歲予行雍華間關西學者相從者六七人予以千錢挂馬鞍比就舍則亡矣僕夫曰非晨裝而忘之

則涉水而墜之矣予不覺歎曰千錢可惜坐中二人應聲曰千錢亡去甚可惜也次一人曰千錢微物何足為意後一人曰水中囊中可以一視人亡人得又何歎乎予曰使人得之乃非亡也吾歎夫有用之物若沈水中則不復為用矣至雍以語呂與叔曰人之器識固不同自上聖至于下愚不知有幾等同行者數人爾其不同如此也與叔曰夫數子者之言何如予曰最後者善與叔曰誠善矣然觀先生之言則見其有體而無用也予

因書而誌之後十五年因閲故編偶見之思與叔之不幸早死為之泣下

遺事 十一條

呂進伯老而好學理會直是到底正叔謂老喜學者尤可愛人少壯則自當勉至于老矣志力須倦又慮學之不能及又年數之不多不曰朝聞道夕死可矣乎學不多年數之不足不猶愈于終不聞乎 見程氏遺書

呂進伯甚好但處事太煩碎如召膺客亦須臨時改換

食次吾嘗語之曰每日早晚衙纔覆便令放者只為定故也凡事皆有恁地簡易不易底道理看得分明何勞之有易曰易簡而天下之理得進伯好學初理會箇仁字不透吾因曰世人說仁只管著愛上怎生見得仁只如力行近乎仁力行關愛甚事何故却近乎仁推此類具言之進伯因悟曰公說仁字正與尊宿門說禪一般進伯兄弟中皆有見處一人作詩詠曾點事曰函丈從容問且酬展才無不至諸侯可憐曾點惟鳴瑟獨對春

風詠不休一人有詩曰學如元凱方成癖文到相如反類俳獨立孔門無箇事只輸顏子得心齋（見上蔡語録）

馬涓巨濟狀元及第為秦州簽判初呼呂狀元晉伯為師謂之曰狀元云者及第未除官也既為判官不可曰狀元也巨濟愧謝晉伯又謂巨濟曰科舉之學既無用修身為己之學其勉之時謝良佐顯道作州學教授顯道為伊川程氏之學晉伯每屈車騎同巨濟過之謝顯道為講論語晉伯正襟肅容聽之曰聖人言行在馬吾

不敢不肅又數以公事接牘委巨濟詳覆且曰修身為己之學不可後為政治民其可不知巨濟自以為得師後立朝為臺官有聲每歎曰吕公教我之恩也見邵氏聞見録

吕晉伯帥秦時倅之子張瞻景前時往問學後入太學求書見汲公晉伯云微仲不須見不若見大臨舍弟見吕氏雜誌

和叔任道擔當其風力甚勁然深潛縝密有所不逮于與叔見程氏遺書下同

和叔及相見則不復有疑既相别則不能無疑然亦未知果能終不疑不知他既已不疑而終復有疑伯淳言何不問他疑甚不如劇論

正叔謂洛俗恐難化于秦俗子厚謂秦俗之化亦先自和叔有力焉亦是士人敦厚東方亦恐難向風

巽之凡相見須窒礙蓋有先定之意和叔（一作與叔）據理合滯礙而不然者只是他至誠便相信心直篤信（巽之范侍郎育）

先生云呂與叔守橫渠學甚固每橫渠無說處皆相從

纔有說了便不肯回

問人之燕居形體怠惰心不慢可否曰安有箕踞而心不慢者昔呂與叔六月中來緱氏閒居中某嘗窺之必見其儼然危坐可謂敦篤矣學者須恭敬但不可令拘迫拘迫則難久也尹子曰嘗親聞此乃謂劉質夫也

呂與叔以門蔭入官不應舉或問其故曰不敢揜祖宗之德見呂氏雜誌

伊洛淵源録卷八

欽定四庫全書

伊洛淵源録卷九

宋　朱子　撰

蘇學士

名昞字季明武功人亦横渠門人而卒業于程氏者元祐末呂進伯薦之自布衣召為博士後坐上書邪黨竄鄱陽今無以考其言行之詳特載呂公薦狀如左云

奏狀

呂正字代伯兄作

右臣伏見京兆府處士蘇昞德性純茂強學篤志行年四十不求仕進從故崇文校書張載之學為門人之秀

秦之賢士大夫亦多稱之如蒙朝廷擢用俾充學官之選必能盡其素學以副朝廷樂育之意或不如所舉臣甘罔上不忠之罪

遺事 三條

季明安 見遺書

蘇季明以上章得罪貶饒州過洛和靖館之伊川訪焉既行伊川謂季明殊以遷貶為意和靖曰然也焞嘗問季明當初上書為國家計耶為身計耶若為國家計自

當忻然赴饒州若為進取計則饒州之貶猶為輕典季明以焞言為然先生曰名言名言見涪陵記善録

後世司言責者于人主前非所當言代王言者則顛倒錯亂只為他學無源流如在伊川之門衆矣不知其要者依舊無所得如横渠聲動關中關中尊信如夫子蘇季明從横渠最久以其文釐為十七篇自謂最知大旨及後來坐上書邪黨却是未知横渠横渠有詩云中天宮殿鬱岧嶤尾縫參差切絳霄葵藿野心雖萬里不無

忠戀向清朝夫豈不欲行道于世然在館中半年即去後十年復召用之不半年又去只為道不合即去也朝廷事自有宰相執政其次有諫官御史季明越職上書得罪甚重亦必有非所宜言者矣見胡氏傳家録

謝學士名良佐字顯道上蔡人與游察院楊文靖同時受學歷仕州縣建中召對除書局官後復去為筦庫以飛語坐繫詔獄褫官有論語說文集語録行于世游公為誌其墓今訪求未得

遺事

明道初見謝子語人曰此秀才展拓得開將來可望見上

蔡語錄

謝顯道習舉業已知名往扶溝見明道先生受學志甚篤明道一日謂之曰爾輩在此相從只是學某言語故其學心口不相應盍若行之請問焉曰且静坐伊川每見人静坐便歎其善學見邢寛所記尹和靖語

明道知扶溝縣事伊川侍行謝顯道將歸應舉伊川曰何不止試于太學顯道對曰蔡人尠習禮記決往之利也先生曰汝之是心已不可入于堯舜之道矣夫子貢

之高識曷嘗規規于貨利哉特于豐約之間不能無留情耳且貧富有命彼乃留情于其間多見其不信道也故聖人謂之不受命有志于道者要當去此心而後可語也顯道乃止是歲亦登第見程氏遺書下同

蔡州謝良佐雖時學中因議州舉學試得失便不復計較

明道謂謝子雖小魯直是誠篤理會事有不透其顙有泚憤悱如此見侯子雅言

朱公掞以諫官名過洛見伊川顥道在坐公掞不語伊川指顥道謂之曰此人為切問近思之學見程子外書

謝先生初以記問為學自負該博對明道先生舉史書不遺一字明道曰賢却記得許多可謂玩物喪志謝聞此語汗流浹背面發赤明道却云只此便是惻隱之心及看明道讀史又却逐行看過不差一字謝甚不服後來省悟却將此事做話頭接引博學之士見胡氏傳家録

昔日作課簿以記日用言動視聽是禮與非禮者昔日

學時只垂足坐不敢盤足又云昔者用功處甚多但不敢説與諸公恐諸公以謂須得如此見上蔡語錄下同

謝子與伊川別一年往見之伊川曰相别又一年做得甚事夫謝曰也只是去箇矜字曰何故曰子細點檢得來病痛盡在這裏若按伏得這箇罪過方有向進處伊川點頭因語坐同志曰此人為學切問近思者也胡文定公問矜字罪過何故恁地大謝曰今人做事只管要誇耀别人耳目渾不關自家受用事有底人食前方丈

便向人前喫只蔬食菜羹却去房裏喫為甚恁地
知命雖淺近也要信得及將來做田地就上面下工夫
余初及第時歲前夢入內庭不見神宗而太子涕泣及
釋褐時神宗晏駕哲宗嗣位如此等事直不把來草草
看却萬事真實有命人力計較不得吾平生未嘗干人
在書局亦不謁執政或勸之吾對曰他安能陶鑄我自
有命在若信不及風吹草動便生恐懼憂喜枉用却閑
工夫枉用却閑心力信得命及便養得氣不挫折

游子問謝子曰公于外物一切放得下否謝子謂胡子曰可謂切問也胡子曰何以答之謝子曰實向他道在上面做工夫來胡子曰如何做工夫謝子曰凡事須有根屋柱無根摧之便倒樹木有根雖剪枝條相次又發如人要富貴要他做甚必須有用處尋討要用處病根將來斬斷便沒事

或問謝子于勢利如何曰打透此關十餘年矣當初大故做工夫揀難捨底棄却後來漸漸輕至今日于器物

之類置之只為合要用却並無健羨底心

舊多恐懼常于危階上習又曰六文一管筆特地寫教不好打疊了此心

釋氏只要箇絶念某初時似釋氏明道問近日用心對曰近日只用何思何慮一句伯淳曰有此理只是發得太早

問太虛無盡心有止安得合一曰心有止只為用他若不用則何止吾丈莫己不用否曰未到此地除是聖人

便不用當初曾發此口被伊川一句壞了二十年曾往見伊川伊川曰近日事如何某對曰天下何思何慮伊川曰是則是有此理賢發得太早在問當初發此語時如何曰見得這箇事經時無他念接物亦應副得去問如此却何故被一句轉却曰當了終須有不透處當初若不得他一句救拔便入禪家去矣伊川直是會鍛鍊得人說了又却道恰好著工夫也問聞此語後如何曰至今未敢道到何思何慮地位始初進速後來遲十數

年過却如夢如挽弓到滿時愈難開然此二十年聞見知識却煞長按前段與此小異蓋前段曾氏所記而此段胡氏所記也未知孰是姑兩存之

馮忠恕聞陳叔易言伊川嘗許謝良佐有王佐才以是質于和靖和靖曰先生無此語先生晚年顯道授澠池令來洛見先生留十餘日先生謂焞如見顯道試問此來所得如何焞即往問焉顯道曰良佐每常聞先生語多疑惑今次見先生聞先生語判然無疑所得如此具以告先生先生曰某見得他也是如此雖甚喜之但不

聞此語耳見涪陵記善録

謝道顯建中間上殿不稱旨先生聞之喜已而就監門之職陳貴一問顯道何如人先生曰由求之徒見程氏遺書

謝子見河南夫子辭而歸尹子送焉問曰何以教我謝子曰吾徒朝夕從先生見行則學聞言則識譬如有人服烏頭者方其服也顏色悅懌筋力強盛一旦烏頭力去將如之何尹子反以告夫子夫子曰可謂益友矣見上蔡語録

謝先生監西竹木場朱子發自太學與弟子權偕往謁之坐定子發進曰震願見先生久矣今日之來無以發問不識先生何以見教先生曰好待與賢說一部論語子發私念日刻如此何由親款其講說已而具飲酒五行只說他話及茶罷乃掀髯曰聽說論語首舉子見齊衰者與冕衣裳者與瞽者見之雖少必作過之必趨又舉師冕見及階子曰階也及席子曰席也皆坐子告之曰某在斯某在斯子張問曰與師言之道與曰固相師

之道也夫聖人之道無顯微無內外由灑掃應對進退而上達天道本末一以貫之一部論語只恁他看見上蔡語

録後跋

學者必求仁須將孔門問答仁處編類考察自體認一箇緊要處方可若不實見得分明則流為釋氏是自家原不曾有見處龜山語至此更不說破謂說時只是眼前事不如使人自體認上蔡則不然有問則歷歷言之西人氣直謂說後曉者自是去做工夫否則休耳見胡氏傳家録

游察院

墓誌銘　　楊文靖公

予昔在元豐中受業于明道先生兄弟之門有友二人焉謝良佐顯道公其一也公諱酢字定夫建州建陽人初與其兄醇俱以文行知名于時所交皆天下英豪公雖少而一時老師宿儒咸推先之伊川先生以事至京師一見謂其資可與適道是時明道先生知扶溝縣事先生兄弟方以倡明道學為己任設庠序聚邑人子弟

教之名公來職學事公欣然往從之得其微言于是盡棄其學而學焉其後得邑河清予往見之伊川謂予曰游君德器粹然問學日進政事亦絶人遠甚于師門見稱如此其所造可知矣元豐六年登進士第調越州蕭山尉用侍臣薦名為太學録改宣德郎徐博士公以食貧待次奉親不便就擬知河清縣忠宣范公判河南待以國士有疑議與之參訂移守穎昌辟公自隨為府學教授未幾還朝復秉鈞軸即除公太學博士已而忠宣

罷政公亦請外矣除簽書齊州判官廳公事丁太中公
憂服除再調泉州簽判上皇即位召還為監察御史出
知和州歲餘管勾南京鴻慶宫居太平州兩乞再任知
漢陽軍以親老再乞宫祠除提點成都府長生觀丁太
碩人憂服除知舒州移知濠州不數月會從官譎守衝
罷歸寓歷陽因家焉宣和五年五月二十三日以疾終
于正寢享年七十有一葬于和州含山縣車轅嶺之原
公自㓜不羣讀書一過目輒成誦比壯益自力心専目

到不為世儒之習誠于中形諸外儀容辭令粲然有文望之知其為成德君子也其事親無違交朋友有信涖官遇僚吏有恩意雖人樂于自盡而無敢慢其令者恵政在民戴之如父母故去則見思愈久而不忘筮仕之初未更事縣有疑獄十餘年不能決公攝邑事一問得其情而釋之精練如素宦者人服其明比年以來編民困于征斂而修奉祠館市材調夫無虛月所至騷然公歷守四郡處之裕如雖時有興造民初不知而事集要

呂氏封宜人有賢行事舅姑以孝聞友娣姒睦姻族人無間言公素貧不治生產夫人攻苦食淡能宜其家先公卒子男七人撝擬捄握揁挾拂女歸某之子適有中庸義一卷易說一卷詩二南義一卷論語孟子雜解各一卷文集十卷藏于家

遺事 五條

建州游酢非昔日之游酢也固是穎然資質溫厚南劍州楊時雖不逮酢然煞穎悟 見程氏遺書

游酢于西銘讀之已能不逆于心言語之外别立得這箇意思便道（一作到）中庸矣（見外書）

新進游楊輩數人入太學不惟論議須異且動作亦必有異故為學中以異類待之又皆學春秋愈駭俗矣（見程氏遺書下同）

游酢楊時先知學禪已知向裏沒安泊處故來此却恐不變也

游定夫後更為禪學大觀間本中嘗以書問之云儒者

之道以為父子君臣夫婦朋友兄弟順此五者則可以至于聖人佛者之道去此然後可以至于聖人吾丈既從二程先生學後又從諸禪老遊則二者之間必無滯閡敢問所以不同何也游丈答書云佛書所説世儒亦未深考往年嘗見伊川先生云吾之所攻者迹也然迹安所從出哉要之此事須親至此地方能辨其同異不然難以口舌爭也游定夫嘗言前輩先生往往不曾看佛書故詆之如此之甚其所以破佛者乃佛書自不以

為然者也見呂氏雜志

伊洛淵源録卷九

欽定四庫全書

伊洛淵源録卷十

宋 朱子 撰

楊文靖公

墓誌銘 胡文定公

自孟子沒遺經僅在而聖學不傳所謂見而知之與聞而知之者世無其人則有西方之傑窺見閒隙遂入中國舉世傾動靡然從之于是人皆失其本心莫知所止

而天理滅矣宋嘉祐中有河南二程夫子得孟子不傳之學于遺經以倡天下而升堂覩奥號稱高弟在南方則廣平游定夫上蔡謝顯道與公三人是也公諱時字中立姓楊氏既没踰年諸孤以右史吕本中所次行狀來請銘謹按楊氏出于弘農為望姓五世祖唐末避地閩中寓南劍州之將樂縣因家焉公資稟異甚八歲能屬文熙寧九年中進士第調汀州司户參軍不赴杜門積學渟滀涵浸人莫能測者幾十年久之乃調徐州司

法丁繼母憂服闋授虔州司法公獨理精深曉習律令有疑獄衆所不決者皆立斷與郡將議事守正不傾罹外艱除喪遷瀛州防禦推官知潭州瀏陽縣安撫使張公舜民以客禮待之漕使胡師文惡公之與張善也歲饑方賑濟劾以不催積欠坐衝替張公入長諫垣薦之除荆南教授改宣德郎知杭州餘杭縣遷南京宗子博士會省員知越州蕭山縣提點均州明道觀成都府國寧觀後例罷差監常州市易務公年幾七十矣是時天

下多故或説當世貴人以爲事至此必敗宜力引耆德老成置諸左右開導上意庶幾猶可及也則以秘書郎召到闕遷著作郎及對陳儆戒之言除邇英殿説書公知時勢將變遂陳論政事其略曰近日蠲除租税而廣濟軍以放税降官是詔令爲虚文耳安土之民不被惠澤而流亡爲盗者獨免租賦百姓何憚不爲盗夫信不可去急于食也宜從前詔嘉祐通商榷茶之法公私兩便今茶租錢如故而榷法愈急宜少寛之諸犯榷貨不

得根究來歷今茶法獨許根究追呼蔓延犴狴充斥宜即革之東南州縣均敷鹽鈔迫于殿最計口而授人何以堪宜酌中立額使州縣易辦發運司宜給糴本以復轉般之舊和預買宜損其數而實支所買之直燕雲之軍宜退守内郡以省運輸之勞燕雲之地宜募邊民為弓箭手使習騎射以殺常勝軍之勢衛士天子爪牙而分為二三宜循其舊不可增損凡十餘事執政不能用而敵騎已入寇則又言今日所急者莫大于收人心邊

事之興免夫之役毒被海内誤國之罪宜有所歸西北聚歛東南花石其害尤甚宿姦巨猾借應奉之名豪奪民財不可數計天下積憤鬱而不得發幾二十年欲致人和去此三者會淵聖嗣位公乞對曰君臣一體上皇痛自引咎至託以倦勤避位而宰執叙遷安受不辭此何理也城下之盟辱亦甚矣主辱臣死大臣宜任其責而皆首爲竄亡自全之計陛下孤立何賴焉乞正典刑爲臣子不忠之戒童貫爲三路總帥敵人侵疆棄軍而

歸置而不問故梁方平何灌相繼逃去大河天險棄而不守敵人奄至城下而朝廷不知帥臣失職無甚于此宜以軍法從事防城所仍用閹人提舉授以兵柄此覆車之轍不可復蹈淵聖大喜擢右諫議大夫敵人厚取金帛又遂賂以三鎮遂講和而去公上疏曰河朔朝廷重地三鎮又河朔要藩今一旦棄之蕃國以二十州之地貫吾腹中距京城無藩籬之固戎馬疾驅不數日而至此非經遠之謀四方勤王之師踰月而後集使之無

功而去厚賜之則無名不與則生怨不可不慮也如聞
三鎮之民欲以死拒守今若以兵躡之使腹背受敵宜
可為也朝廷欲專守和議以契丹百年之好猶不能守
寧能保此強敵乎夫要盟神不信宜審處之無至噬臍
于是淵聖乃詔出師而議者多持兩端屢進屢却公又
言聞敵人駐兵磁相刼掠無算誓書之墨未乾而叛不
旋踵肅王初約及河而反今挾之以往此叛盟之大者
吾雖欲專守和議不可得也今三鎮之民以死拒之于

前吾以重兵擁其後此萬全之計望斷自宸衷無惑浮言而議者不一故終失此機會于是太原諸郡皆告急矣太學生伏闕乞留李綱种師道軍民從之者數萬人執政慮其生亂引高歡事揭榜于衢且請以禮起邦彥公言士民伏闕詬罵大臣發其隱慝無所不至出于一時忠憤非有作亂之心無足深罪李邦彥首畫遁逃之策捐金割地質親王以主和議罷李綱而納誓書李鄴奉使失辭惟敵國是聽此二人者天下之所同棄也今

敕告中外乃推平難和議之功歸此二人非先王憲天自民之意宜收還榜示以慰人心邦彥等既罷趙野尚存公復言野昔嘗建言請禁士庶以天王君聖為名者上皇後以為謟諛之論廢格不行而野猶泰然不以為恥乞賜罷黜上皆從之或意太學生又將伏闕鼓亂乃以公兼國子祭酒遂言蔡京以繼述神宗皇帝為名實挾王安石以圖身利故推尊安石加以王爵配享孔子廟廷然致今日之禍者實安石有以啟之也謹按安石

昔為邪說以塗學者耳目敗壞其心術者不可屢數姑即一二事明之昔神宗皇帝稱美漢文罷露臺之費安石乃言陛下若能以堯舜之道治天下雖竭天下以自奉不為過也夫堯舜茅茨土階其稱禹曰克儉于家則竭天下者必非堯舜之道後王黼以三公領應奉司號為享上實安石自奉之說有以啟之也其釋鳧鷖之末章則曰以道守成者役使羣衆泰而不為驕宰制萬物費而不為侈推此章止謂能持盈則神祇祖考安樂之

無後艱耳而安石獨爲此說後蔡京輩爭以奢僭相高輕費妄用窮極淫侈實安石此說有以倡之也其害豈不甚哉乞正其學術之謬追奪王爵明詔中外毀去配享之像遂降安石從祀之列諫官馮澥力主王氏上疏詆公又會學官紛爭有旨皆罷即上章乞出除給事中章又四上請去益堅以徽猷閣直學士提舉西京崇福宮又懇辭職名不當得有旨楊某學行醇固諫諍有聲請閑除職累月懇辭宜從其志以勵廉退改徽猷閣待

制上即位除工部侍郎論自古賢聖之君未有不以典
學為務者以君德在是故也上然之除兼侍講二年以
老疾乞出除龍圖閣直學士提舉杭州洞霄宫四年上
章告老從之紹興五年四月二十四日終于正寢享年
八十有三葬本邑西山之原近臣朱震奏公嘗排邪説
以正天下學術之謬辯誣謗以明宣仁聖烈之功雪冤
抑以復昭慈聖獻之位據經論事不媿古人所著三經
義辯有益學者乞下本州抄録仍優恤其家有旨贈官

聘以金帛娶余氏贈碩人先卒子五人廸早卒迥遹適造已仕女四人長適陳淵次陸棠次李郁次未嫁孫男七人孫女五人曾孫一人公天資夷曠濟以學問充養有道德器早成積于中者純粹而閎深見于外者簡易而平淡閒居和樂色笑可親臨事裁處不動聲氣與之遊者雖羣居終日嗒然不語飲人以和而鄙薄之態自不形也推本孟子性善之說發明中庸大學之道有欲知方者為指其攸趣無所隱也當時公卿大夫之賢者

莫不尊信之熙寧初代余典教渚宮始獲從公遊三十年間出處險夷亦嘗覸之熟矣視公一飯雖蔬食脆甘若皆可于口未嘗有所嗜也每加一衣雖狐貉緼袍皆適于體未嘗有所擇也平生居處雖弊廬廈屋若皆可以託宿未嘗有所羨而求安也故山之田園皆先世所遺守其世業亦無所營增豆區之入也老之將至沉伏下僚厄窮遺佚若將終身焉子孫滿前每食不飽亦不改其樂也然則公于斯世所欲不存果何求哉心則遠

矣凡訓釋論辯以闢邪說存于今者其傳寖廣故特載宣和末年及靖康之初諸所建白以表其深切著明而公之學于河南小嘗試之其用已如此所謂援而止之而止必有以也進不隱賢必以其道豈不信乎世或以不屑去疑公蓋淺之為丈夫也銘曰天不喪道文其在茲維天之命尸者其誰孰能識車中之狀意欲施之兄弟而處並為世師偉茲三賢濶步共馳有學術業顏其餒而公名最顯垂範有詞豈不見庸孔艱厥時狂瀾奔

潰砥柱不敵邪説害正倚門則揮嗟彼奸罔讒言誑欺

我扶有極人用不迷奚必來世判其是非有援則止直

道何疵不勉而和展也可夷河流在北伊水之湄誰其

似之訂此銘詩

龜山誌銘辯

宏問何故西方之傑窺見間隙遂入中國答曰自孟子

既没世無傳心之學此一片田地漸漸拋荒至東晉時

無人耕種佛之徒如達磨輩最爲桀黠見此間隙以爲

無人遂入中國面壁端坐揚眉瞬目到處稱尊此土之人歸降不能出他圈套

宏又問佛之徒既是直指人心見性成佛何故却言人失其本心莫知所止答曰釋氏自言直指人心見性成佛吾却言失其本心莫知所止大段懸遠宏又問何故懸遠答曰昔明道先生有言以吾觀于儒釋事事是句句合然而不同宏又問既云事事是句句合何故却不同答曰若于此見得許汝具一隻眼

宏又問據楊氏家録稱先生不欲為市易官呂居仁亦云辭不就今誌中何故削去不就二字答曰此是他門未曾契勘古人出處大致若書不就兩字便不小了龜山差監市易務即辭不就除秘書省校書郎却受而不辭似此行徑雖子貢之辯也分說不出來今但只書差監市易務公年將七十矣即古人乘田委吏之比意思渾洪不卑小官之意自在其中乃是畫出一箇活底楊龜山也并遷著作郎并邇英殿說書只一向滚說將去

不消更引高麗國王事說他龜山前代如伍瓊亦嘗薦諸賢于董卓卓召用之除申屠蟠外諸賢皆至或旬月遍歷三臺而無非之者此亦是有底事不足為文飾也

宏又問攻王氏一章却似迂濶何故載之答曰此是取王氏心肝底膾子手段何可不書書之則王氏心肝懸在肉案上人人見得而詖淫邪遁之辭皆破矣

宏又問或說龜山被召過南京見劉器之劉問此行何為龜山曰以貧故劉曰若以貧故則更不消說答曰傳

言如此未知信否若據吾則不然劉若問此行何為但對曰老年無用處且入這保社他若更問還有轉身一路否但曰料得無處分說一任傍人點檢不然者若問此行何為只答云竿木隨身亦自脫灑

宏再問何故載果何求哉心則遠矣一句答曰陶公是古之逸民也地位甚高決非惠遠所能招劉雷之徒所能及也觀其詩曰結廬在人境而無車馬喧問君何能爾心遠地自偏即可知其為人故提此一句以表之而

龜山之賢可想見矣世人以功名富貴累其心者何處更有這般氣象但深味心則遠矣一句即孟子所謂所欲不成若將終身若固有之氣象亦在其中矣宏又問如何是心則遠矣答曰或尚友古人或志在天下或慮及後世或不求人知而求天知皆所謂心遠矣

宏又問行狀云陳公瓘鄒公浩皆以師禮事先生何故不載答曰凡公卿大夫之賢者于當世有道之士莫不師尊之其稱先生有二義一則如後進之于先達或年

齒居長或聲望早著心高仰之故稱先生若韓子之于盧仝歐陽永叔之于孫明復是也其一如子弟之于父兄居則侍立出則杖屨服勤至死心喪三年若子貢曾子之于仲尼近世呂與叔潘康仲之于張横渠是也今一槩稱以師禮事先生恐二公之門人未達故不復書大觀庚寅在都城嘗見了翁與龜山書稱中立先生初亦疑之後乃知字者親厚之意先生者高仰之稱也亦可見矣兼龜山道學自為當世所高而誌中已稱公卿

大夫之賢者莫不尊信之矣不必更引二公以為重

宏又問行狀云胡公之徒實傳其學此事如何答曰吾于謝游楊三公皆義兼師友實尊信之若論其傳授却自有來歷據龜山所見在中庸自明道先生所授吾所聞在春秋自伊川先生所發汝但觀吾春秋傳乃是白頭六十歲以後所著必無大段牴牾更有改易去處其書十萬餘言大抵是說此事試詳閱之必自知來歷矣

答陳幾叟書

龜山誌銘初不敢下筆以情意之厚義難固辭故不得已勉強為之世人之知龜山者甚多而疑謗之者亦不少故安國論其行己處自飲食衣服居處之際至于若將終身不改其樂事皆有實以折服衆多之口至其大略又用語孟正蒙三說為證故措辭雖不工而意却有所主只如差監市易務事乃平生履歴故不可闕若據龜山所言却甚明白雖書不就無害也但行録乃言不欲為市易官于語脉中轉了龜山之意却似嫌其太卑

宂而不為須當削去不就二字夫年已七十欲為莞庫即見得遺佚阨窮不憫怨之意正要此一句用豈可不書乎其後以秘書名遷著作郎等事此正謂援而止之而止者也夫援而止之而止未有是處而龜山獨稱為仁者特以進不隱賢必以其道耳故備載所論當時政事十餘條此事他人不能言而龜山獨能言之又時然後發所以尤可貴耳當時宰執中若能聽言委直院吳元忠輩畫一條具因南郊赦文行下決須救得一半不

至如後來大段狼狽也若龜山此舉可謂老婆心切矣世人不察其用心之所在知之者見其赴召則曰此御筆也夫違御筆者以大不恭論自政和末年以來已是海行指揮豈可以此定賢者之出處以其不可違而就召假有論及申屠蟠笑而不答之事則又何辭以對故龜山之赴召非畏海行指揮乃懼天下之人在塗炭之中而有惻然不忍人之心是以不屑去耳故安國于龜山宣和靖康中諸所建白詳載其本末所以致其區區

之意破紛紛之議使天下後世疑謗者莫不自消釋矣其章疏中所論王氏著為邪説以塗學者耳目敗壞其心術又即一二事以明之此真拔本塞源者也幾叟何以尚言猶是一時之論乎五經皆空言也雖不如春秋一句即是一事然明理以垂訓以待後之學者豈曰小補之哉故説者以謂五經如藥方春秋猶用藥治病此亦互相發耳誌中又載近臣所論闢邪説以正天下學術之謬所著三經義辯有益學者夫以義辯為有益則

新義之為害可知故誌篇之末獨言凡著述論辯其存于今者非見諸行事故因此語反覆證明諸所建白之尤為深切耳而著述論辯之功自在若以為緩辭則誤矣故安國意不欲有所改更必欲更之但曰著述論辯存于今者其傳浸廣可也公更思之如何

記差市易務事始末　　陳淵

龜山宣和四年既罷祠官貧甚不果赴部郭慎求在朝以書問所欲公年已七十矣癸已生宣和四年歲在壬寅年已七十答以

老不能辦事惟求一筦庫爲貧耳慎求得書詣吏部見
闕監當官近毗陵未差者吏部報以常州市易務即爲
求得之馳以告公慎求初亦不知前一日爲人所授公
聞之曰非見闕固于吾事無濟然市易事吾素不以爲
然縱便得禄其可就乎蓋慎求不察吾意耳五年秋未
果退闕因傅國華之薦召赴都堂審察即以足疾辭不
赴六年國華又以前請未行再薦遂以秘書郎召對且
御詔若辭者坐罪乃不克免先是傅國華奉使三韓得

旨許于經由三路凡人材可薦者薦之不限以員及歸

具奏臣往來京西淮浙人材可薦者甚多然抱道處晦

無如楊時者願以所得薦三路人材薦此一人上亦聞

公名故始台審察又台上殿云若謂監市易務不就除

秘書郎即就即非同時事失其實矣今削去不就二字

為當更恐欲見其實故具之然如市易務方待闕未上

雖不見于墓誌亦可也

行狀略　　　　呂舍人

虔守楚潛議法平允而通判楊增多刻深先生每從潛議增以先生為附太守輕己及潛去後守林某議不持平先生力與之爭方知先生能有守也

知潭州劉陽縣安撫使張公舜民雅敬重先生每見必設拜席與均禮知杭州餘杭縣簡易不為煩苛遠近悅服蔡京方相貴盛母前葬餘杭用日者之言欲浚湖瀦水為形勢便利托言欲以便民事下餘杭縣先生詢問父老人人以為不便即條上其事得不行

知越州蕭山縣蕭山之人聞先生名不治自化人人圖

畫先生形像就家祠焉

或說當世貴人以為事至此必敗宜力引耆德老成置

上左右開導上意庶幾猶可及也會路允迪傅墨卿使

高麗高麗王問兩人龜山先生今在何處兩人對方召

赴闕矣及還遂以名聞因勸政府宜及此時力引先生

政府然之遂以秘書郎召及對陳儆戒之言上嘉納焉

太原被圍朝廷遣姚古救援古逗留不進先生上言乞

誅古以肅軍政又率同列上疏論蔡京王黼童貫等罪惡或死或貶乞罷官者典修京城事且録五代史傳以進朝廷置詳議司議天下利病先生以為三省政事所出六曹分治各有攸司今乃别辟官屬新進小生未必賢于六曹長貳也朝廷從其議又乞褒復元祐名臣凡在黨籍者力辯宣仁誣謗乞復元祐皇后位號凡所論皆切當時要務

太學諸生詣闕上書議者疑其生事徼亂先生即見上

言諸生欲忠于朝廷耳本無他意但擇老成有行義者為之長貳即自定矣淵聖喜曰此無逾卿者矣即命先生兼國子祭酒

今上即位本中之先君子初在政府首為上言先生之賢于是除工部侍郎

先生天資仁厚寛大能容物又不見涯涘不為崖異絶俗之行以求世俗名譽與人交終始如一性至孝幼喪母哀毀如成人事繼母尤謹熈寧中既舉進士得官闕

河南兩程先生之道即往從之學是時從兩先生學者甚衆而先生獨歸閉居累年沉浸經書推廣師說窮探力索務極其趣涵蓄廣大而不敢輕自肆也本中嘗聞于前輩長者以為明道先生温然純粹終身無疾言遽色先生實似之

遺事　九條

明道在潁昌時先生尋醫調官京師因往潁昌從學明道甚喜每言曰楊君最會得容易及歸送之出門謂坐

容曰吾道南矣先是建州林志寧出文潞公門下求教潞公云此中無以相益有二程先生者可往從之因使人送明道處志寧乃語定夫及先生先生謂不可不一見也于是同行時謝顯道亦在謝為人誠實但聰悟不及先生故明道每言楊君聰明謝君如水投石然亦未嘗不稱其善伊川自涪歸見學者凋落多從佛學獨先生與謝丈不變因歎曰學者皆流于佛學矣惟有謝楊二君長進見龜山語録

楊時于新學極精今日一有所問即能知其短而持之介甫之學大抵支離伯淳嘗與楊時讀了數篇其後盡能推類以通之見程氏遺書

伊川荅楊中立論西銘中立書尾云判然無疑伊川曰楊時也未判然見邢寛所記尹和靖語

舊在二先生之門者伯淳最愛中立正叔最愛定夫觀二人氣象亦相似見上蔡語録

先生曰官司設法賣酒所在張樂集妓女以來小民此

最為害教而必為之辭曰與民同樂豈不誣哉夫引誘無知之民以漁其財是在百姓為之理亦當禁而官吏為之上下不以為怪不知為政之過也且民之有財亦須上之人與之愛惜不與之愛惜而巧求暗取之雖無鞭笞以强民其所為有甚于鞭笞者矣余在潭州瀏陽方官散青苗時凡酒肆茶店與夫俳優戲劇之罔民財者悉有以禁之散錢已然後令如故官賣酒舊常至是時亦必以妓樂隨處張設頗得民利或以請不許往往

民間得錢遂用之有力見溈山語録

又言常平法州縣寺舍歲用有餘則以歸官賑民之窮餓者余為瀏陽日方為立法使行旅之疾病飢踣于道者隨所在申縣縣令寺舍飲食之欲人之入于吾境者無不得其所也其事未及行而余以罪去官至今以為恨

元城劉公問胡珵曰毗陵莫常得書中立安否曰楊先生近有除命以秘書郎召對公曰誰所薦珵曰傳聞是

蔡攸公曰此曹立黨相傾不知中立肯來否見道護錄

胡文定公與楊大諫書曰大諫初承詔命衆論有疑安國獨以為以明道先生之心為心者裂裳裹足不俟屨而在塗也又與宰相書曰龍圖閣直學士致仕楊公時造養深遠燭理甚明混跡同塵知之者鮮知之者知其文學而已不知者以為蔡氏所引此公無求于人蔡氏焉能浼之行年八十志氣未衰精力少年殆不能及上方嚮意儒學日新聖德延禮此老置之經席朝夕咨訪裨補必多至如裁決危疑經理世務若

燭照數計而龜卜又可助相府之忠謀也又答胡應仲書云楊先生世事殊不屑意雖袒裼裸程不以為浼見胡文定公集

昔西南邊人嘗以梅聖俞雪詩織布而永叔只于野録載之其事不入誌銘然則姓名為蠻貊君長所知豈足道哉龜山行狀中載高麗國王事所以不得書也見胡氏傳家録

導道墓誌銘畧此昔先君子吏部府君所作

公諱迪字導道為髫兒已能力學指物即賦凜然如成

人既冠益貫穿古今孝友和易中外無間言平居無喜愠色至急人困乏而樂其為善則矯然敢為必極其意而後已與人辯論綱振條析發微指極冰解的破聞者欽聳退而察其私言若不能出諸口故無賢不肖愛敬之蓋度不身踐不苟言也里有貸訟不決者累年公一言而兩家為之平其誠信于人如此遊太學聲出等夷一旦棄而不顧抱經遊于伊川之門以藐然少年周還羣公之間同門之士咸斂手以推先伊川少然可雅器

許之伊川答龜山書曰令子名迪者好學質善當成遠器於易春秋尤精詰崇寧三年以疾卒予不及識公自來閩中多從龜山門士遊間論近世學者至公則曰吾不及也謹為之銘銘曰斯文盛衰天實命之有嗜其徑異端乘之道堙不治以與世違有志于得俗學昏之以見自私乖戾莫施孰為穀然莫乘莫惛天蓋祐之使與斯文屹屹龜山淵源伊洛如星之斗以表後學公為之子妙質夙成目濡心渟食息訓經不躐不陵師訓是程軌道以趨不畔墨繩行滿

鄉黨世孰知之遺文蔚然不可瑕疵胡不百年以究其業齋志莫陳方壯而折天其或者尚相公子我銘幽竁以告來世

伊洛淵源録卷十

伊洛淵源録卷十一

宋 朱子 撰

劉起居

墓誌銘　　許景衡

公諱安節字元承温州人資禀不凡方兒時已有遠度比長嗜學有所未達思之夜以繼日必至于得而後已少與從父弟今徽猷閣待制安止相友愛皆以文行為

士友所稱既冠游太學元符三年擢進士第調越州諸暨主簿國子祭酒率其屬表留公太學不報除萊州州學教授未行改河東提舉學事司管勾文字改宣德郎召對便殿公言春宮宜慎擇官屬雖左右趨走者必惟其人又論節儉及君子小人和同之異上稱善顧問甚悉即日擢為監察御史數決大獄所平反甚衆居數月攝殿中侍御史時公方謁告省親既陛辭而命下不及供職而歸俄除起居郎趣赴闕公迎父宣義而西居無

何宣義思歸公欲乞外補宣義固止之明年遷太常少
卿而言者斥公在言責時無所建明且久不寧親責守
饒州州薦饑公至大發廩賑之又檄旁郡無遏糴軍儲
不足他日皆強取諸民公曰歲荒如此重困之可乎他
司宜有相通者政應調適其緩急耳市人數為在官者
所擾逃散郊外公躬率以廉察屬化之未幾飢者充之
者濟逃者復于是與之治賦出裁制貢奉之須俾屬縣
先期戒民無倉卒之擾移知宣州去饒州二日民遮留

之涕泣不忍别者壽以為吾州自范文正公後惟吾劉公而已至宣十日而水大至公分遣其屬具舟振溺而躬督之晝夜不少休所活幾數千人而逺近流民至者以萬數公闢佛廟以處之發廩以活之一無失所者其將發廩也吏以為法令不可而部使者亦持其議公皆弗聽大疫公命醫官治甚力其得不死者不可計政和六年夏五月卒年四十九娶何氏公之娶也初行親迎之禮鄉人慕而繼之旁郡聞多竊笑叱年朝廷頒五禮

于天下於是人皆思公之倡始云子男曰暨孫有異質九歲而夭一女尚幼以安止之子誠為後公天資近道而敏于學問其所趨尚非世俗所謂學者嘗從當世賢而有道者游始以致知格物發其材沉涵熟復存心養性久之于是有得其貌温然望之知其有容遇人無貴賤大小一以誠雖忤己者未嘗見其有怒色恚辭也其在河東同僚有交惡者一日邂逅公座聞其緒餘不覺自失相與如初其恬静弗校宜若易與者至于有所立

則挺然不可回奪曾不知禍福利害可以為避就也鄒公浩以右正言得罪公與其所厚數輩追路勞勉之朝廷震怒追逮甚急人皆惴恐公獨泰然如平時既而哲宗察其無他有詔釋之而公亦自若也事親能承順其意敎養諸弟涵容周還有古人所難能者族居踰百口上下愛信雖臧獲無間言也常曰堯舜之道不過孝弟天下之理有一無二迺若異端則有間斷矣聞人善如己出或歸以過則未嘗辯過事不擇劇易人所厭苦者

任之裕然無迫遽勤瘁之色其與人遊常引其所長而陰覆其不及諸暨令不事事州將欲易他邑公既左右之振其綱條又稱其長者將卒善待之宣州賑濟公疏以為非敢專也蓋有所受之故朝廷録部者之功而進秩焉蓋其志非敢私佚其身而在于為人其所施置常在于公天下以為不如是則非所謂合内外通彼我也所治二州専以仁義教化平易近民民有訟委曲訓戒之俾毋再犯閭有鬬者將愬于官則曰何面目復見府

公遂捨去以是廷無可治之事或踰旬不施答扑

遺事

或問劉子進尹曰未見他有進處問所以不進者何曰只為未有根因指庭前荼蘼花此花只為有根故一年長盛如一年問何以見他未有進處曰不道全不進只他守得定不變却亦早是好手如廉仲之徒皆忘却了

見上蔡語録

尹侍講

墓誌銘　　呂稽中

先生洛人也姓尹氏曾祖諱仲宣娶張氏生七子而二子有名長子諱源字子漸是謂河内先生次子諱洙字師魯是謂河南先生河内娶何氏生四子其長子諱林官至尚書虞部員外郎娶劉氏萬年縣君劉氏卒陳氏福昌縣君是生先生先生諱焞字德充少孤奉母陳氏以居為進士業年二十師事伊川程夫子先生應進士舉答策問議論元祐貴人先生曰噫尚可以干禄乎哉

不對而出告于程夫子曰吾不復應進士舉矣子曰子有母在先生歸告其母母曰吾知汝以為善養不知汝以禄養于是先生退不復就舉程夫子聞之曰賢哉母也大觀中新學日興有言者曰程頤倡為異端尹焞張繹為之左右先生遂不欲仕而聲聞益盛德益成同門之士皆尊畏之程夫子曰我死而不失其正者尹氏子也靖康元年朝廷初辯忠邪召用四方才德之士以布衣召先生先生辭不用既往又辭不欲朝大臣知不能

留也授以和靖處士而歸明年金人陷洛陽先生之家死于難先生既死而復蘇竄于長安山中轉徙四五年而長安陷劉豫僭位于京師思有以繫天下之望則使其僞帥趙斌卑詞厚禮來召先生具供帳衛從于山中甚盛先生逃去夜徒步渡渭匿奚水谷中崎嶇走山中遂至閬中久之往來巴中止于涪紹興五年有從臣言先生之道上召先生于涪曰昔者之程頤蓋自布衣除崇政殿說書遂以左宣教郎崇政殿說書召先生先生

力辭十數上勑有司加禮敦遣不已六年先生辭官而赴召蜀之學者為先生立祠于涪七年至九江有言者攻毀程氏先生復辭曰學程氏者焞也生事之二十年令又二十年矣請就斥朝廷恥之于是大臣顯言先生拒劉豫之節學問之正上又思見先生名之愈急禮益至先生辭避已數十迫上命布衣至行在所而病上賜之金帛使大臣存問慰勞須其病愈必受命而後朝病愈先生朝又辭于上前上曰卿尚何辭耶朕渴卿久矣

知卿之從伊川也俟卿以講學不敢以有他先生遂就職又除秘書郎先生年六十七矣八年二月除秘書少監月餘以病求去不許四月賜緋衣銀魚象笏與御府珍玩之物先生益衰且病益求去改除直徽猷閣主管萬壽觀崇政殿說書九月除太常少卿兼說書十一月除權禮部侍郎兼侍講進官左通直郎而先生病日作不能朝告病甚于朝廷十二月除徽猷閣待制提舉萬壽觀兼侍講先生曰病不能朝矣而竊祿日至何功德

以當之上章十餘不已朝廷哀其病且老九年二月使以待制提舉江州太平觀而去先生去之平江虎邱十年正月先生年七十曰七十而老尚矣遂致仕進官左奉議郎而從其請十二月先生如紹興居二年而没年七十有二矣上命越制以賻之贈官四等先生娶張氏追封令人生子均仕為將仕郎洛陽之陷與張令人皆死惟女在立孫鎮為均子稽中聞之先生之學學聖人者也曰聖人必可以學而至也而不可以為也玩味以

索之踐履以身之涵養以成之有叙于是乎下學上達窮理盡性而無贅無外者學之正也故先生莊敬仁實不過于心不欺闇室自誠而明以之開物成務推而放諸四海而準其于聖人六經之言耳順心得如出諸已見于容貌聲音之間望之儼然也即之則温言則厲天下知道者必宗之不知者必慕之小人見之必革面後有聖人不易先生之道矣然而先生進不得施之天下退未嘗筆之于書與羣弟子言據六經發明問答不為

講解文書獨嘗奉詔撰論語解今行于世

遺事十條

和靖因蘇昞見伊川自後半年方得大學西銘看見祁寬所録尹和靖語下同

和靖言初見伊川時教焞看敬字焞請益伊川曰主一則是敬當時雖領此語然不若近時看得更親切寬問如何是主一願先生善喻和靖言敬有甚形影只收斂身心便是主一且如人到神祠中致敬時其心收斂更

著不得毫髮事非主一而何

尹彦明與思叔同時師事伊川先生思叔以高識彦明以篤行俱為先生所稱先生沒思叔亦病死彦明窮居教學未嘗少自貶屈常以先生教人專以敬以直內為本彦明獨能力行之彦明嘗言先生教人只是專令用敬以直內若用此理則百事不敢輕為不敢妄作不愧屋漏矣習之既久自然有所得也因說先生往年自涪陵歸日日見之一日因讀易至敬以直內處因問先生

不習无不利時則更無睹當更無計較也耶先生深以為然且曰不易見得如此且更涵養不要輕說見呂氏雜誌

温州鮑若雨商霖與鄉人十輩久從伊川一日伊川遣之見和靖次日伊川曰諸人謂子靳學不以教渠果否先生曰焞以諸公來依先生之門受學焞豈敢輒為他說萬一有少差便不誤他一生伊川頷之見邢寛所録尹和靖語下同

和靖與思叔共學之久伊川問二子尋常見處同否有差否自覺如何為我言之和靖曰焞不逮思叔如凡請

問未達三四請益尚有未得處久之乃得如思叔則先生纔說便點頭會意往往造妙只是焞雖愚鈍自保守得若思叔則焞未敢保也伊川笑曰也是也是自是每同請益退伊川必謂諸郎曰張秀才如此不待尹秀才肯待

子謂尹焞魯張繹俊俊恐他日過之魯者終有守也見程氏遺書下同

尹子張子見先生曰二子于頤之言如何尹子對曰聞

先生之言言下領意焞不如繹能終守先生之學繹不如焞先生欣然曰各中其病

和靖曰昔與范元長同見伊川偶有幹先起下階伊川謂范曰君看尹彦明他時必有用于世元長次日說如此蓋伊川平日元不曾許人見祁寛所録尹和靖語

靖康元年同知樞密院事种師道奏伏見河南府布衣尹焞學專師古行足勵俗潛心允蹈三十年西都學者皆推迎之未嘗應書不求仕進若蒙召致俾預講說

必有補益召至京師十月賜號和靖處士以歸戶部尚書孫傅御史中丞呂好問戶部侍郎邵溥中書舍人胡安國奏臣等伏覩河南府布衣尹焞學窮根本德備中和言動惟時皆為師法器識宏遠可以任大臣等淺陋不足以盡知然近來招延之士無有出其右者昨緣朝廷特召河南敦迫赴闕伏聞命之處士以歸使焞韜藏國器不為時用未副朝廷仄席求賢之意伏望聖慈特加識擢以慰士大夫之望尋以金人犯闕不及再見見難儷集

和靖在瀘州一室名曰遂志齋取易致命遂志之義在涪陵縣所居名曰習堂取學而時習之之義在千福院一室名曰六有齋取横渠先生所謂言有教動有法晝有為宵有得息有養瞬有存之意一室名曰三畏齋取畏天命畏大人畏聖人之言之意見涪陵記善録

紹興五年史館修撰兼侍讀范沖奏伏覩和靖處士尹焞誠明之學實有淵源直方之行動合規矩靖康中朝廷以布衣特起累加津遣既至京師懇乞還山賜處士

號建炎間焞逃竄山谷翟興為河南鎮撫使聞其名遣使延聘焞亦不就今流落在蜀臣與之遊處三十餘年得其為人内外淳備毫髮無玷實為鄉閭之所尊禮士友之所矜式迹其所得于己表見于外臣無能髣髴舉以代臣允愜公議六月十五日聖旨令赴行在仍令川陝宣撫司以禮津遣宣撫司劄下涪州津遣知州事李瞻申尹處士雖寓居本州千福院然獨處一室嘉遯養浩志尚高潔邦人莫得而見恐非有司移文可致乞自

使司專委官一員依已得聖旨以禮津遣上副朝廷舉逸求賢興治美俗之意于宣撫司差官敦遣先生四狀辭免不獲明年九月乃行先是伊川先生謫居于涪涪人立祠于北巖先生避地偶亦居焉至是以文告辭曰

焞甲寅孟秋始居涪陵己卯孟冬誤辱台命繼下除書實嗣講事人微望輕敢紹前躅辭不獲命勉赴行在有補于世則未有也不辱其門則有之今茲啟行惟先生有以鑒之七年二月至江州以病少留四月上第八狀

云竊見臣寮上言程頤之學惑亂天下有爲此學鼓扇士類者皆屏絕之明詔天下惇實師程頤之學垂二十年學之既專自信益篤自壯至老居之甚安使惇濫列經幃其所敷繹辟陋之學亦不過聞于師者不惟無以發明經旨又且仰惑聖聰惇雖甚愚敢偷一時之顯榮不顧四方之公議揜其所學上欺君父加以疾病日增精神衰耗決不能支持前進乞令自便訪藥求醫免令道塗填委溝壑于是右相張公浚奏臣先備員川陝宣

撫處置使竊見和靖處士尹焞緣叛臣劉豫父子迫以偽命焞經涉大河投身山谷自長安徒步趨蜀崎嶇千餘里乞食問路僅獲生全臣嘗延請至司與之款接觀其所學所養誠有大過人者紹興甲寅春臣被命還朝蓋嘗以焞之姓名達之天聽今陛下博采羣議旨置經筵而焞辭免新命未聞就道伏望聖慈特降睿旨令江州守臣疾速以禮敦遣五月二十九日奉聖旨依奏先生又辭不得已九月乃至國門猶引前說力辭云列之

經筵陳説上側守其師法則亂聖聰趨時茍合則負素志此其所以被罷若驚進退失據者也至二十狀不允乃受命入對見難儷集及涪陵記善録

戊午八月二十九日講筵初開上問先生孟子謂紂一夫如何先生曰此爲當時之君而言也時有進疑孟子説者上問程頤謂孟子如何先生曰程頤不敢疑孟子見祁寬所録

尹和靖語

尹彦明在經筵嘗從容説黄庭堅如此作詩不知要何

用見呂氏雜誌

紹興戊午先生上奏曰本朝播遷之禍亘古未聞然賴

祖宗德澤之厚陛下勤撫之至所以億兆之心無有離

異遠近愛戴國勢可保前年徽宗皇帝寧德皇后凶問

遽來莫究不豫之狀天下之人痛心疾首而陛下方且

屈意降心迎奉梓宮請問諱日為事遂使敵意益驕謂

我無人乃再啟和議于今日意欲潛圖混一臣妾中國

陛下十二年勤撫之功當決于此矣況先王之禮父母

之讐不共戴天兄弟之讐不反兵今信仇敵之詐謀而覬其肯和以紓目前之急豈不失不共戴天反兵之義乎臣竊為陛下痛惜之更願深謀熟慮採衆論以全大計則天下幸甚又與宰相秦檜書曰金人與我有不共戴天之讐靖康以來屢墮其術今若一屈使為口實要怨誨兵自困自斃豈忍為此議乎比者竊聞主上以父兄未返降志辱身于九重之中有年矣然亦未聞金人悔禍還二帝于沙漠繼之梓宮崩問不詳天下之人痛

恨切骨則金人貪詐之性不言可見天下方將以此望于相公覬有以革其已然豈意爲之已甚乎今之上策莫如自治自治之要内則進君子而遠小人外則賞當功而罰當罪使主上之孝弟通于神明主上之道德成于安强勿以小智孑義而圖大功不勝幸甚復有辭免待制第三狀云臣每念誤受寵榮蔑聞補報比嘗不量分守輒及國事識見迂陋已驗于今跡其愚庸豈堪時用第四狀又言之乃得外祠見戊午讜議及難僞集

先生卒門人呂堅中以文致祭其略曰恭惟善誘循循不倦俾沉若酣培殖聞見曰敬以直内是乃持守維窮維格理則貽剖由是致知上達誠明知而罔覺匪致之精養不以厚行不以力雖曰有見乃德之賊厚養力行必踐必久勝己之私馴以固有略則易詐拘則易窮才意所測鮮克有終喜怒哀樂聖愚同然發欲中節時然後言猗與吾道易簡以求如霽則行如潦則休或謂無心先生曰否何以知覺惟私是醜或謂勿思先生曰豈

我亦有思思無邪爾先生之言測逺窮深其未傳者匪言實心嗚呼哀哉

伊洛淵源録卷十一

伊洛淵源録卷十二

宋 朱子 撰

張思叔名繹嘗記伊川言行一編亦名師說所著詩文甚多今存數篇

遺事三條

張思叔河南壽安人家甚微年長未知讀書為人傭作一日見縣官出入傳呼道路思叔頗羡慕之問人何以得如此或告之曰此讀書所致耳思叔始發憤從人授

學執勞苦之役教者憐其志頗勸勉之後頗能文入縣學府學被薦以科舉之學不足為也因至僧寺見道楷禪師悅其道有祝髮從之之意時周恭叔行己官洛中思叔亦從之恭叔謂之曰子他日程先生歸可從之學無為空祝髮也及伊川先生歸自涪陵思叔始見先生時從學者甚衆先生獨許思叔因讀孟子志士不忘在溝壑勇士不忘喪其元始有自得處後更窮理造微少能及之者矣見呂氏雜誌又蒙童訓云思叔因讀孟子志士不忘在溝壑勇士不忘喪其元慨然

有得蓋能守此則無不可為之事

和靖言焞與思叔既相友善伊川歸自涪陵思叔始見先生思叔穎悟疏通先生亦便喜之自此同遊處先生以族女妻之甚相敬待家居壽安學者從之漸衆和靖嘗因侍坐稟伊川曰張繹每聞先生語往往言下解悟焞聞先生語須再三尋思或更請問然後解悟然他日持守恐思叔不及焞先生以為然思叔長于為文又善辯事先生没未幾思叔亦没和靖被召嘗曰思叔若在

到今自當名用必能有為于世伊川嘗言晚得二士見涪陵記善録

張繹思叔三十歲方見伊川後伊川一年卒初以文聞于鄉曲後來作文字甚少伊川每云張繹朴茂見祁寬録尹和靖語

馬殿院

逸士狀　何兊

公諱伸字時中按語録本作時仲或作時舉恐亦當兼行東平人也自弱冠登第不樂馳鶩以階進晦跡州縣人無知者崇寧初元

祐學有禁奸人用事出其黨為諸路學使專糾其事伊川程先生之門學者無幾雖宿素從遊間以趨利叛去公方自吏部求為西京司法曹事銳然為親依之計至則因先生高弟張繹以求見先生初以非其時恐貽公累公執贄凡十反愈恭且曰使伸得聞道雖死何憾況不至于死者乎先生聞而歎曰此真有志者遂引而進之自爾出入凡三年公暇雖風雨必日一造焉同僚相忌至以飛語中傷之不顧也逮靖康初政樞密孫傅始

以卓行薦于朝召既至中丞秦檜素高其節即迎辟為
監察御史令人取願狀公曰中丞取臺官但問堪不堪
無問願不願居無何遭大變故金人立張邦昌俾僭于
位邦昌初不敢當而賊臣從旁勸進曰相公今姑權宜
從事忍死為一城生靈贖命他日為周公為王莽惟相
公所為耳邦昌于是俛首唯唯即趨金帳受偽號既金
人去滋久邦昌恬無自孫意時人皆意邦昌實預邪謀
畏禍無敢言者公首具書請邦昌迎元帥康王書成率

同院簽舉俱往相顧無一首肯公遂以書自抵銀臺司
進之吏視書不稱臣辭不受公投袂叱曰逆類吾今日
不愛一死正為此爾而欲吾稱臣耶出即以繳申尚書
省尚書省以示邦昌邦昌得書氣沮恐敗誅甫議迎隆
祐皇后為垂簾計其書大畧曰相公閣下服事累朝為
宋寶臣比者不幸迫于強敵使當僞號非常之事閣下
此時豈以義為可犯君為可忘宗社神靈為可欺所以
忍死須臾而詭聽之者其心若曰與其虛孫于人而實

忘趙氏之宗者孰若虛受于己而實存趙以歸耳是得春秋祭仲行權之旨而不苟辭其名故天下共知之而無一人以相公為非也金人既北相公于義即合變懼自列于朝上皇子惟康王在外天下所繫國統有歸宜即發使通問埽清宮室率羣臣共迎而立之閤下退就北面之列然後從而引咎以明身為人臣昧于防患不幸為仇讐脅汚當時不能即死以待陛下今事既定夫復何面事君請歸死有司以為人臣失節之戒退伏闕

下以俟命如此則明主必能照察以閤下忠實存國義不苟生棄過録勞而身名俱榮矣今乃謀不出此時日已多肆然尚當非據偃寢禁闥若固有之羣心狐疑不知所謂上天難欺下民可畏成敗之際間不容髮閤下若以愚言粗有覺悟伏望亟圖猶可轉禍為福于匪朝伊夕之間此伸所以不敢自外且效愚職分于朝廷過此以往則閤下包藏既深志慮必異外假設飾事端愒日待期而實陰結仇讐合從為亂九廟在天雖萬無成

理然伸亦願生不汙與叛逆同朝請先伏死都市以明此心既而户部侍郎王及之言于邦昌以上皇寧德宫府藏所有及池塘魚藕之利可盡取以資國用公復慨然引義白于都堂曰古者人臣去國其君待之猶三年然後收其田里君之禮臣猶若此則臣之報君宜如何今吾君遠狩猶未出疆天下之人方且北首擬欲追挽而不可得君之府藏燕遊忍一朝而毁乎此與削迹何異切不可許邦昌不聽今上龍飛公屢拜章以城陷不

能救主遷不能死請從竄削上知其忠且有功于國遂擢為殿中侍御史荆湖廣南撫諭以誅邦昌及其黨王時雍還臺言執政黃潛善汪伯彥不法十七事不報嗣上章以臣言可采即乞施行非是臣合坐誣罔大臣之罪移病待命旬日貶濮州監酒税時用事者恚甚必欲寘之死地以濮逌敵境故有是命有識者為朝廷惜其去至戚嗟相弔且為公危之公以襆被就道無憂懼之色人益歎服公天資重厚雖勇于為義而恥以釣名凡

所建明輒削其藁故人少知者不幸卒為仇陷于死公死不得其詳或云時王淵屯淮之上受潛善等密旨加不利于公天下知與不知莫不痛之未幾廣陵不守果如公言紹興初乃追贈諫議大夫公居常稱曰志士不忘在溝壑勇士不忘喪其元今日何時溝壑乃吾死所也故其臨事奮不顧身每如此姑掇其大者以補國史之缺謹狀

先君紹興初作此文攜以呈故丞相李公李公許以達朝廷未及而薨紹興癸酉倅辰陽忽見邸報宰相

秦檜自陳其靖康之功謂他人無預焉先君遂以此文繳申尚書省大激檜怒送荆南詔獄令自引虚獄辭皆出吏手先君不得預也奏上又以情重法輕特削官貶真陽未幾檜死蒙恩東歸繼復舊物而病不起矣嗚呼哀哉秦檜靖康初為中丞于金人帳前乞立趙氏其謀議皆出于先生及察院吴敦仁敦仁為草劄子檜忌人分功深諱其事及見逸士狀恐先君知而揚之故怨憾至死辛巳仲冬十日男鎬謹書

續記　何鎬

先生調官未嘗擇遠近利害到部但視資當入者即注擬家東平乃授成都郫縣丞尚在選調至任未幾會納冬米成都浩穰守以委先生先生辭以多獘不可為守問其故先生曰獘之大者由諸司吏人封抄拒之則速禍守曰君既知其獘尚何辭先生至場中則諸邑人紛然矣豐飲食玩好文飾美女凡可以蠱訹者無所不至前此主者不能自謹一墮計中則束手受制莫敢誰何先生盡逐之嚴察吏卒不容纖芥負米至者略無留滯

于是蜀人稱詠萬口一辭時提舉常平孫俟按部至成都境上旱行見負擔者假寐道旁以待曉怪而問之俱應曰今年好受納官某等至無邀阻故爭先詣其主名曰馬縣丞也孫歎息不已抵郡即呼吏書牒薦之即日改秩先生常以此語人云人之利鈍自有時但當行直道無用干人也

先生為奉符丞攝令事方歲歉而朝廷行茶引先生拒之曰民方救死不瞻豈可重困之太守怒曰朝命安可

抗先生曰伸為令誠不忍見民轉溝壑守曰須先劾爾事乃可行民聞先生被劾爭赴愬諸司或徑達臺省事遂解又嘗掌市易倅以百縑令售之先生辭以直高倅強之先生曰伸不敢以詐估官直須伸去乃可欲尋醫倅懼而止

先生在奉符縣傳伯野在西掖慕洛學遣其子見先生求二程先生語録先生曰此書今非其時未敢遽傳其子固請先生曰第歸尊公若果有志無憚再來既還以

告伯野曰吾志欲求道遑恤他乎遂令復至先生乃授之且謂曰尊公既得此書不得久于朝矣未幾果以繳高麗詞頭罷

先生出使過州縣必察民利病餽遺一無所受初至清湘所在民羣聚遮馬頭投狀乞留其宰問其善政皆曰不知其他但知知縣到後未嘗有吏下鄉先生即日以舉牒付民使以遺令衆歡然乃去（令姓張失其名）至番禺問諸司以屬吏之賢者同薦一節度推官（姓黃）曰方陳述生殺

自任官吏無不畏附惟此人敢與之辯曲直幾遭虎口乃舉之還至舒州從人就縣索夫馬其令不應直至前曰殿院所合得不敢不供從人分外需索實不能應先生延之坐且謝之既而謂人曰某以臺官過州縣一令乃敢拒之是必有氣局者還朝首薦之令姓周

先生晨興必整衣冠端坐讀中庸一過後出視事先生曰吾志在行道使吾以富貴為心則為富貴所累使吾以妻子為念則為妻子所累是道不可行也故其在

廣陵隨身行李一擔而圖書半之山東已擾而家屬尚留東平

先生自湖廣還將入奏于道中採訪得執政不法事作彈文方具藁而先君追及于建康先生喜曰吾有事數日不能自決望子久矣因出藁相示且曰吾欲首言之先君曰先生方以使還且當奏職事徐論似未晚先生曰彼忌我若未及言而有遷除奈何然吾當有以探之是時方召孫覿謝克家乃言此二人皆小人不可用如

覿親草降表極其筆力以媚金人受其二女乃負國之賊也果不報遂除司農卿先生固辭乃繳進彈文時執政怒甚捜求無以為罪乃指彈文中言部成章上書事成章中官也以為趨向不正遂貶公

遺事三條

崇寧間言者范致虛攻先生為元祐邪說朝廷下河南府盡逐學徒後數月馬伸及門求見先生辭之伸欲先棄官而來先生曰近日盡逐學徒恐非公仕進所利公

能棄官則官不必棄也建炎間伸為御史論事公論與之見程氏遺書

靖康二年四月八日監察御史馬伸狀伏見金人犯闕擁二帝北行且逼立太宰相公使主國事相公所以忍死就位者自信敵退必能復辟也忠臣義士不即就死城中之人不即生變者亦以相公必立趙孤也今敵退多日吾君之子已知所在訟獄謳歌又皆歸往相公尚處禁中不反初服未就臣列道路傳言以謂相公外挾

強敵之威使人遊說康王且令南遁然後據有中原為久假不歸之計伸知相公必無是心但謂金人未遠因循未能盡改雖然如此亦大不便蓋人心未孚一旦喧鬨雖有忠義之志相公必不能自明滿城生靈反遭塗炭辜負相公初心矣伏望相公速行改正易服歸省庶事取稟太后命令而後行仍速迎奉康王歸京日下開門撫勞四方勤王之師以示無閒應內外赦書施行恩惠收人心等事權行拘收俟立趙氏子日然後施行庶

幾中外釋疑轉禍為福伊周再作無以復加如以伸言為不然即先次受戮伸有死而已必不敢輔相公為宋朝叛臣也謹具申太宰相公伏候鈞旨申時奉鈞旨一切改正九日追偽赦不行邦昌召侍從官議事晚降手書請元祐皇后垂簾決政邦昌行太宰事中外大悦追回諸路赦文并收初四日立宋太后手書不用遣馮澥李回為奉迎使副見江藻所編實録草本

胡文定公時政論曰馬伸言黄潛善汪伯彥措置乖方

自言官黜爲監當而其言則有狀矣不慎命令則以下還都之詔也廣布私恩則以復祠宫教官之闕也黜陟不公則以罷衛膚敏而用孫覿不祥之人也杜塞言路則以貶吴給張闇部成章也妨功害能則以沮宗澤與許景衡也私收軍情則以各置親兵千人請給獨優厚也同惡相濟則以力庇罪人王安中也凡舉一事必立一證皆衆所共知亦衆所共見不敢以無爲有亦不敢以是爲非而當時不信其言而罷之反以爲言事不實

而重責之是罰沮忠讜捐軀為國之人惡其毀譽之核實而不亂也邪說何由息公道何由行乎伸既遠貶雖有詔命不聞來期君子憫焉此雖責以龍閣未盡褒勸之禮乞加追獎及其子孫以承天意見胡文定公集

侯師聖名仲良河東人二先生舅氏華陰先生無可之孫有論語說及雅言一編皆出衡山胡氏其為人梗槩亦見胡文定公行狀

遺事三條

人有欲館侯子于其門者侯子造焉則壁垂佛象几積

佛書其家人又常齋素欲侯子從之侯子遂行或問之侯子曰蔬食士之常分若食彼之食則非矣吾聞援墨歸儒未聞棄儒歸墨也人有父在而身為祖母忌日飯僧者名侯子侯子不往或問之侯子曰主祭祀者其父也而子當之則無父矣吾何往焉見侯子雅言

胡文定公與楊大諫書云侯仲良者去春自荆門潰卒甲馬之中脫身相就于漳水之濵今已兩年其安于羈苦守節不移固所未有至于講論經術則通貫不窮商

略時事則纖微皆察國勢安危民情休戚凡務之切于今者莫不留意而皆曉也方危艱難之時而使此輩人老身貧賤亦可慨矣伏望吾兄力薦于朝俾命以官使得效一職亦不為無補見胡文定公集

尹子曰先生謂侯子議論只好隔壁聽見外書

或曰江陵有侯師聖者初從伊川未悟乃策杖訪濂溪濂溪留之對榻夜談越三日自謂有得如見天之廣大伊川亦訝其不凡曰非從濂溪來耶師聖後遊

荆門胡文定留與為隣終焉愚按侯子非荆人據諸書所載但知前數條而胡公行狀亦止云熟觀二先生之言行不言其見濂溪也濂溪卒于熙寧六年而侯子靖康建炎之間尚在其題上蔡謝公手帖猶云顯道雖與予為同門友然視予為後生則其年輩不與濂溪相接明矣且其言自謂有得如見天之廣大者亦與侯子平日之言不相似凡若此類學者詳之

王著作

墓誌略　章憲

福清王先生程門高弟諱蘋字信伯世居福之福清自其考徙平江先生資禀清粹充養純固平居恂恂儒者及語當世之務民俗利病若習于從政者然不徹名當世世亦罕知之知府事孫公祐列先生學行于朝召見賜進士出身除秘書省正字先生為上言曰人心廣大無垠萬善皆備盛德大業由此而成故欲傳堯舜禹湯文武之道擴充是心焉耳帝王之學與儒生異尚儒生

從事章句文義帝王務得其要措之事業蓋聖人經世大法備在方冊苟得其要舉而行之無難也未幾兼史館校勘遷作郎丐外補通判常州主管台州崇道觀致仕官至左朝奉郎壽七十有二紹興二十三年五月戊午日疾終于里第葬于湖州長興縣和平鎮茅栗山楊文靖公時程門先進嘗曰同門後來成就莫踰吾信伯中書舍人朱公震寶文閣直學士胡公安國徽猷閣待制尹公焞皆舉以自代胡公薦尤力謂其學有師承識

通世務使司獻納必有補于聖時

伊洛淵源録卷十二

欽定四庫全書

伊洛淵源録卷十三

宋 朱子 撰

胡文定公

行狀略

公諱安國字康侯建州崇安人父淵故宣議郎致仕贈中大夫母吴氏故永壽縣君贈令人公生于熙寧甲寅九月二十二日巳時年七歲為小詩有自任以文章道

德之句少長入太學晝夜刻勵同舍有潁昌靳裁之常關西洛程先生之學獨奇重公與論經史大義公以是學問益強識致日明文辭迴出流輩博士欲令諸職長各呈其文課將考優劣而去留之皆爭先自送公獨繳還差帖願退就諸生之列中紹聖四年登進士第時策問大要欲復熙豐之政公推言大學格物致知正心誠意以平天下之道詞幾萬言考官得之定為第一將唱名宰執以策中無詆元祐語欲降其等哲宗命再讀諦

聽逾時稱善者數四親擢公為第三除荊南教授正身律物非休沐者不出凡所訓説務明忠孝之大端不以文藝為勸除大學録學生劉觀石公揆輕儁有名試選屢居上游一旦觀為人代筆事覺公揆薄遊成訟逾告期不歸為之遊説者甚衆公正色曰録以行規矩為職職不能守奚以録為且二人者果佳士而所為如此亦何足惜衆不能奪竟致之法遷博士除提舉湖北路學事公言曰學校所以成就人材非治之也今法令具矣

當使學者于規矩之外有所畏而不為謹按聖門設科成周貢士皆以德行為先文藝為下臣當以此仰奉明

詔改使湖南是時蔡京方得志所行事既不善而官吏奉承過當愈為民害學校其一也公獨撙節行之禁其太甚士子持法自肆者懲之常曰韓魏公最善行新法者也所至訪求人材詢問利病禮下賢士刺舉必由公論風采嚴肅郡縣敬畏不敢犯會有詔旨委諸道提舉學官論舉遺逸公以永州布衣王繪鄧璋應詔時蔡京

已惡公不爲已用于是屬吏李良輔徑訴于朝稱二人者范純仁之客而鄧浩所請託也京大怒改良輔合入官命湖南提刑司置獄推治人皆爲公膽落帥曽公孝廣來唁公退謂僚佐曰胡提舉凝然不動賢于人逺矣獄未成移北路再鞫之訖不得請託之狀直除公名勒停公退居荆門漳水之上定省之外以經籍自娛家人皆忘其貧而親心適焉既而良輔以他罪發覺臺臣乃辯明前事有㫖復公官改正元斷然公仕意益薄矣政

和八年張商英相除公成都府路學事公以親年寖高即上章乞侍養得請滿二年未能朝參丁令人憂服除政和十年矣余深入相薦名士十人公與其一有旨召對公至京師卧疾不出百餘日遂巡謁告而歸宣和元年除提舉江東路學事復召上殿未受命而中大捐館舍中大常欲公及時建功立業而毋令人又每以進取為戒公處其間委曲將順既不失令人之本心又不違中大之嚴訓終喪謂子弟曰吾舊迹寒鄉為親而仕今

雖有萬鍾之禄將何所施遂稱疾挂冠買田塋旁築室勤耕將終身焉宣和末侍臣李彌大吳敏譚世勣合章薦公經學可用齒髮未衰特落致仕除尚書屯田員外郎公來謝且辭靖康元年除太常少卿再除起居郎三辭不允乃至京師方以疾在告一日午枕淵聖急召坐後殿以俟公即入見奏曰臣聞明君以務學為急聖學以正心為要心者事物之宗正心者揆事宰物之權也陛下昔在東宮潛德韜晦其于六經所載帝王制世御

俗之大略必有所避而不欲問官屬之司勸講者必有所隱而未及陳今正位宸極日月向久而績效未見則于古訓不可不考若夫分章析句牽制文義無益于心術者非帝王之學也願擇名儒明于治國平天下之本者虛懷訪問以深發獨智則天下之幸臣又聞為天下國家者必有一定不可易之計謀議既定君臣固守雖浮言異說沮毀摇動而初計不移故有志必成治功可立陛下南面而朝天下越半年矣而紀綱尚紊風俗益

衰施置乖方舉動煩擾大臣爭競而朋黨之患萌百執
竊覰而浸潤之奸作用人失當而名器愈輕出令數更
而士民不信若不掃除舊迹乘勢更張竊恐奸雄不忌
蕃騎橫行大勢一傾不可復正望詔大臣詢以修政事
安邊境之方令各盡底蘊畫一具進先宣示臺諫仍集
百官議于朝堂衆謀僉同然後斷自宸衷按為國論頒
諸中外以次施行庶幾新政有經可冀中興之效除中
書舍人時門下侍郎耿南仲倚攀附之舊凡大小之臣

與己不同者即指為朋黨見公論學術之奏愠懟形于詞色乃言于淵聖曰安國往者不事上皇今又不事陛下此可謂不臣矣淵聖不納一日問中丞許翰識安國否翰對曰臣雖未識其面然聞其名久矣自蔡京得政以來天下士大夫無不入其籠絡超然遠迹不為蔡氏所汙惟安國一人耳淵聖嗟異焉南仲知淵聖意不可回乃諷臺諫掎角論公稽慢不恭宜從黜削淵聖終不許中書侍郎何㮚建議分置四道都總管公上奏曰内

外之勢適平則安偏重則危今州郡太輕理宜通變然一旦遽以數百州之地分爲四道則權復太重假令萬一抗衡跋扈號名不至又何以待之乎若但委諸路帥臣專治軍旅每歲一按察其部內或有警急京城戒嚴即各率所屬守將應援如此則既有擁衛京師之勢又無尾大不掉之虞一舉而兩得矣臬方得淵聖心密說以京師不可守則出幸山南可以入蜀而其意蓋自欲當南道之任又以于公嘗有推逸之力必無駁異及此

奏上大駭謂人曰康侯人物之表乃專以異議為高古人謂山林之士不可用今信然然猶不得已于四總管之地各削其遠外州郡而已于後京師被圍西道王襄領所部兵翺翔漢上不復北顧大略如公所策云吏部侍郎馮澥言劉珏行李綱責詞實乃為綱游說珏坐貶公言侍從之臣雖當獻納至于彈擊官邪必歸風憲各有分守不得侵紊而澥越職妄言上瀆宸聽非所以靖
朝著也陛下聖度寬明無私好惡廣開公正之路而澥

無故復稱黨與未殄議論未一宜察奸罔早加懲戒夫欲殄黨與一議論此蔡京行于崇寧脇制異己而遂其跋扈之謀者何忍更遵用之使羣臣益分門户迭相排毀置國勢于傾危乎陛下即位數降詔旨追復祖宗善政良法而澥獨建言祖宗未必全是熙寧未必全非推隆王氏之學再挾紹述之議國論至今紛紛未定則澥之故也于是耿南仲大怒宰相唐恪何㮚從而擠之遂除右文殿修撰知通州行至襄陽而金兵已薄都城矣

公在省一月告假之日居其半每出必有論列或謂公曰事之小盡姑置之公曰大事皆起于細微今以小事為不必論至于大事又不敢論是無時可以也金兵圍益急淵聖命台公及許景衡旨竟不違今上登極召公為給事中公雖辭避未行而痛憤強敵侵陵心在王室蓋有趨命之意而黃潛善方得政專權妄作斥逐忠賢于心意益戾公因于免奏有言曰陛下撥亂反正將見中興政事人材弛張升黜凡關出納動係安危聞之道

塗捘以愚見尚多未合儻或隱情緘默即負陛下委任之恩若一一行其職守必以戇愚妄發干犯典刑徒玷清時無補國事潛善惡之諷給事中康執權彈擊遂罷除命建炎二年樞密使張浚薦公可大用再以給事中名命州郡以禮敦遣子寅時修起居注上賜之手札曰卿父未到可喻朕旨催促前來以副延佇之意公以建康東南都會上既在是而眷待如此慨然欲入朝行次池州聞幸吳越遂具奏引疾而返除提舉臨安府洞霄

宮紹興元年除中書舍人兼侍講再辭不允遂行以時政論二十一篇先獻于上復除給事中上以左氏傳付公點句正音公奏曰春秋乃仲尼親筆實經世大典義精理奥尤難窺測今方思濟艱難豈于理戎禦侮之際虛廢光陰耽味文采而已乎陛下必欲削平僭暴恢復寶圖使亂臣賊子懼而不作莫若儲心仲尼之經則南面之術盡在是矣除兼侍講專以春秋進講公以學未卒業乞在外編集庶幾成書可備乙覽未允會除故相

朱勝非同都督江淮荆浙諸軍事公上奏曰勝非當黄潛善汪伯彦秉鈞之時同在政府緘默傅會循致渡江南狩之初又下詔令尊用張邦昌結好金國許其子孫皆得録用淪滅三綱乃至于此天下憤鬱皆不能平及正位冢司苗劉肆逆勝非不能死生以之偷合苟容不顧君父沿江都督用人得失係國安危恐勝非不足倚仗詔勝非改除侍讀召赴行在命門下檢正黄龜年書行公上奏曰由臣愚陋致朝廷侵紊官制既失其職當

去甚明且公羊氏以祭仲廢君為行權先儒力排其說蓋權宜廢置非所施于君父春秋大法尤謹于此臣方以春秋進讀而與勝非為列有違經訓縱臣無恥公論謂何是時左相呂頤浩都督江上還朝欲傾右相秦檜未得其方過姑蘇太守席益知其意謂之曰目為朋黨可矣然黨魁在瑣闥當先去之頤浩大喜力引勝非為助而據公奏擬進責命曰安國屢召偃蹇不至今始造朝又數有請豈不以時方艱難不肯致身盡瘁乃欲求

微罪而去其自為謀則善矣百官象之如國計何遂落職提舉建昌軍仙都觀實八月二十一日也是夕彗出東南檜三上章乞留公不報即解相印去位侍御史江躋上疏極言勝非不可用安國不當責右司諫吳表臣上疏言安國扶疾造朝亦欲行其所學今無故罷去恐非所以示天下也奏皆寢頤浩即排黜給事中程瑀起居舍人張燾及躋表臣等二十餘人云以應天變除舊布新之意臺省為之一空勝非遂相公登舟稍稍泝流

三日而後行次衢梁訪醫留再旬至豐城寓居又半年乃渡江而休于衡嶽之下為終焉計買地誅茅結屋數間名之曰書堂頽然當世之念矣初王荆公盡屏先儒以為淺陋獨用己意著三經新説離析字畫偏旁謂之道德性命之學于春秋聖人行事之實漫不能曉則詆以為斷爛朝報直廢棄之不列于學宫下逮崇寧防禁益甚故家遺俗或存三傳舊本見者撫歎或遂指以為春秋而仲尼經世之心幾于熄矣公自壯年即有服膺

之志嘗曰六籍惟此書出于先聖之手乃使人主不得聞講說學士不得相傳習亂倫滅理攻乎異端殆由此乎于是潛心刻意裒古今諸儒所著述無慮百家序言之善采拾靡遺害義切深必加辯正或去或取無一毫好惡之偏蓋準則之以語孟權衡之以五經證據之以歷代之史窮研玩味游泳沉酣者三十年及得伊川先生所作傳其間精義十餘條若合符節益以自信探索愈勤至是年六十有一而書始就慨然歎曰此傳心之

要典也蓋于克己修德之方尊君父討亂賊禦敵人存
天理正人心之術未嘗不屢書而致詳焉紹興五年二
月除徽猷閣待制知永州不拜差提舉江州太平觀令
纂修所著春秋傳俟書成進入以副朕崇儒重道之意
仍給吏史筆札委疾速投進公嘗謂宮觀之任本以養
老優賢非因避職及獲譴義不欲請也及此除乃上表
謝曰謹修有用之文少報無功之禄即再加刪潤繕寫
奏御上屢對近臣稱善謂深得聖人之意非諸儒所及

也乃除公提舉萬壽觀兼侍讀委所在守臣以禮津遣

公以疾未行御史中丞周秘侍御史石公揆司諫陳公

輔遂論公學術頗僻行義不修復除知永州提舉江州

太平觀久之上念公訓經納諫之忠特除寳文閣直學

士以紹興八年四月十三日沒于正寢贈左朝議大夫

公負傑出絶異之資見善必為為必要其成知惡必去

去必絶其根自㓜少時已有出塵之趣登科後同年宴

集飲酒過量是後終身不復醉嘗好奕棋先令人責之

曰得一第德業竟耶是後不復奕為學官京師同僚多勸之買妾事既集慨然歎曰吾親待養千里之外曾是以為急遽寢其議亦終身不復買妾也在長沙日按行屬部過衡嶽愛其雄秀欲一登覽已戒行矣俄而思曰非職所在也即止晚居山下五年竟亦不出也罷官荆南僚舊餞行于渚宫呼樂戲以侯面交代龜山楊公時具朝膳留鮭菜蕭然引觴徐酌置語孟案間講論清坐不覺日昃云暮也壬子赴闕過上饒有從臣家居者治

饌延公飾姬妾請令出奉卮酒為壽公蹙然曰二帝蒙
塵國步阽陧豈吾徒為宴樂之日敢辭其人赧赧而止
辭受取捨一介之微必度于義雖飢不可得而食寒不
可得而衣也恬靜簡默寡于言動雖在宴閒獨處未嘗
有怠容慢色語孟五經諸史周而復始至老未嘗釋手
每晨昏子弟定省必問何所業有矜意則曰士當志于
聖人勿臨深以為高見怠慢不虞必顰蹙曰流光可惜
將為小人之歸矣子弟或近出燕集雖夜已深猶未寢

必俟其歸驗其醉否且問其所集何客所論何事有益無益以是為常士子有自遠來學者公隨其資性而接之大抵以立志為先忠信為本以致知為窮理之漸以敬為持養之要每誦曾子之言曰君子愛人也以德小人愛人也以姑息故不以辭色假借子弟及學者亦未嘗降志孫言苟為唯諾以祈人之悦也壯年嘗觀釋氏書後遂屛絶嘗答贛川曾幾書曰窮理盡性乃聖門事業物物而察知之始也一以貫之知之至也來書以五

典四端每事充擴亦未免物物致察非一以貫之之要是欲不舉足而登泰山也四端固有非外鑠五典天敘不可違充四端惇五典則性成而倫盡矣釋氏雖有了心之說然知其未了者為其不先窮理反以理為障而于用處不復究竟也故其說流遁莫可致詰接物應事顛倒差繆不堪點檢聖門之學則以致知為始窮理為要知至理得不迷本心如日方中萬象畢見則不疑所行而内外合也故自修身至于天下國家無所處而不

當矣來書又謂充良知良能而至于盡與宗門要妙兩不相妨何必舍彼而取此夫良知良能愛親敬長之本心也儒者則擴而充之達于天下釋氏則以為前塵為妄想批根拔本而殄滅之正相反也而以為不相妨何哉公于出處由道據義以心之所安為主其欲出也非由勸勉其欲去也不可挽留朱震被召以出處問公公曰世間惟講學論政則當切切詢究至于行己大致去就語默之幾如人飲食其飢飽寒温必自斟酌不可決

之于人亦非人所能決也安國出處自崇寧以來皆内
斷于心雖定夫顯道諸丈人行皆不以此謀之也定夫
者游察院酢也顯道者謝學士良佐也與楊時中立皆
二程先生之高弟公不及二程之門而三君子皆以斯
文之任期公謝公甞語朱震曰胡康侯正如大冬嚴雪
百草萎死而松柏挺然獨秀也使其困厄如此乃天將
降大任焉耳公尚論古人則以諸葛武侯為首于本朝
卿相則以韓忠獻公為冠慕用鄉往言必稱之性本剛

急及其老也氣宇粹温儀貌雍睦于和樂中有毅然不
可犯之象于嚴正中有薰然可親近之意年寖高矣加
以疾病而謹飭于禮無異平時每歲釀酒一斛以備家
廟薦饗之用造麴蘖治秫米潔器用節齊量無不親之
其于祭也必沐浴盛服率子孫諸婦各執其事方饗則
敬已祭必哀濟濟促促如祖考之臨之也雖在亂離遷
次居處衣食或有不給而奉先之禮未嘗或闕由少至
老食不兼味深居疾病膳羞不可致子孫或請稍近城

郭公曰死生有命豈以口體之故移不貲之軀哉家世至貧轉徙流寓遂至空乏然貧之一字于親故間非唯口所不道故亦手所不書嘗戒子弟曰對人言貧者其意將何求汝曹志之凡財利假貸劑約必明期日必信無少差忒自登第逮休致凡四十年其在實歷之日不登六載雖數以罪去而愛君之心遠而愈篤每被召即置家事不問或通夕不寢思所以告吾君者然宦情如寄所好不在焉二程門人侯仲良久居三川多識賢公

卿士大夫之所為而熟觀兩先生之德行又嘗周流天下滾求人物鮮有可其意者後至漳濵公館留之逾年仲良潛察公心意于言笑動止之間不覺歎服語人曰視不義富貴如浮雲者當今天下惟公一人耳初娶李氏繼室王氏皆贈令人子三人寅左奉議郎試尚書禮部侍郎兼侍講寧將仕郎宏右承務郎女適右迪功郎向沈孫大原大正葬于潭州湘潭縣龍穴山禮官議以道德博聞純行不差謚公為文定

伊洛淵源録卷十三

欽定四庫全書

伊洛淵源録卷十四

宋 朱子 撰

程氏門人無記述文字者

王端明

名巖叟字彦霖大名人元祐中為臺諌官登政府

正直不撓當世稱之墓碑本傳記其行事甚詳然

不及其學問源流也惟遺書前篇有其答問而其

集中亦有記先生語數條又祭明道文有聞道于先生之語及伊川造朝亦有兩疏推挽甚力蓋知尊先生者然恐其未必在弟子之列也

劉承議

名立之字宗禮河間人叙述明道先生事者其父與二先生有舊宗禮早孤數歲即養于先生家娶先生叔父朝奉之女郭雍稱其登門最早精于吏事云

林大節

不詳其鄉里名字行實但遺書云林大節雖差魯然所問便能躬行然則亦篤實之士也

張閎中

不詳其名字有答書見文集

馮聖先

名理汝州人陳恬叔易為作誌文尹公再題其後其子忠恕從尹公學涪陵記善録者也誌跋皆見

録中外書又載尹公之言先生門人馮理字聖先自號東皐居士曰二十年聞先生教誨今有一奇特事先生問之理曰夜間燕坐室中有光先生曰頤亦有一奇特事理請問之先生曰每食必飽

鮑商霖

名若雨永嘉人有答問數條及録伊川語一卷今見文集遺書

周伯忱

名孚先毗陵人與其弟恭先伯温同受學有語録及答問各數章今見書集伯恍嘗為臨安教官其家有伊川帖數紙其一邢和叔問先生謂二周與楊時似同恕恐二周未可望楊時如何先生答云周孚先兄弟氣質純明可以入道頤每勸楊時勿好著書好著書則多言多言則害道學者要當察此

唐彦思

名棣宜輿人有語録一卷見遺書

謝用休

名天申

潘子文

名旻

陳貴一

名經正與其弟經邦貴叔同受學四君皆永嘉人

名見唐録

李嘉仲

名處遯洛人亦見唐録後為中書舍人溺死維揚

孟敦夫

名厚洛人祁寛記尹和靖語云孟敦夫來從伊川又為王氏學舉業特精獨處一室糞穢不治嘗獻書于伊川伊川云孟厚初時説得也似其後湏没事生事一日語之曰子何不見尹焞張繹朋友間最好講學然三公皆同齒也敦夫見和靖曰先生

令厚來見二公若彦明所顧見如思叔莫不消見否和靖曰只不消見思叔之心便是不消見焞之心也伊川嘗謂學者曰孟厚不治一室亦何益學不在此假使灑埽得潔淨莫更快人意否然伊川之葬門人畏黨禍莫敢至獨敦夫與尹張范檝鄗溥送焉

范文甫

暢中伯

二人不詳其名見楊遵道録

李先之

名朴贛上人為西京學官因受學焉呂氏雜誌云李先之周恭叔皆從程先生學問而學蘇公文詞以文之世多譏之者

暢潛道

名大隱洛人遺書第二十五卷即其所記也遺書云暢大隱許多時學乃方學禪是于此蓋未有得

也

郭立之

名忠孝宣徽使逵之子事見伊川年譜祁寛記尹和靖語云忠孝每見伊川問論語伊川皆不答一日語之曰子從事于此多少時所問皆大且須切問近思外書云郭忠孝議易傳序曰易即道也又從何道或以問伊川伊川曰人隨時變易為何為從道也今觀忠孝所著易書專論互體卦變與易

傳殊不同然其子雍辯年譜所記事甚詳未知孰是

周恭叔

名行己永嘉人遺書第十七卷或云乃其所記也祈寛記尹和靖語云恭叔自太學早年登科未三十見伊川持身嚴苦塊坐一室未嘗窺牖㓜議母黨之女登科後其女雙瞽遂娶焉愛過常人伊川曰頣未三十時亦做不得此事然其進鋭者其退速

每歎惜之嘗酒席有所屬意既而密告人曰勿令
尹彥明知又曰知又何妨此不害義理伊川歸和
靖偶及之伊川云此禽獸不若也豈得不害義理
又曰父母遺體以偶賤倡可乎上蔡謝公亦言恭
叔不是擺脫得開只為立不住便放了胡文定公
亦云人須是于一切世味淡薄方好不要有富貴
相周恭叔才高識明初年甚好後來只緣累太重
若把得定儘長進在

邢尚書

名恕字和叔其行事詳具國史及邵伯温辯誣等書云邢和叔後來亦染禪學其為人明辯有才後更曉練世事其于學亦日月而至焉者也又云謝良佐曾問涪州之行知其由來乃族子與故人耳先生曰族子至愚不足責故人情厚不敢疑族子謂程公孫故人謂邢恕孟子既知天安用尤臧氏因問邢七雖為惡然必不到更傾先生也先生曰然邢七亦有

書到頤云屢于權宰處言之不知身為言官却說
此話未知傾與不傾只合救與不救便在其間又
問邢七久從先生想都無知識後來極狼狽先生
曰謂之全無知識則不可只是義理不能勝利欲
之心便至于此也上蔡語録云邢七自言一日三
點檢伯淳曰可哀也哉其餘時勾當甚事蓋放三
省之說錯了可見不曾用功又多逐人面上說一
般話伯淳責之邢曰無可說伯淳曰無可說便不

得不說

伊洛淵源録卷十四

總校官進士臣程嘉謨

校對官編修臣吳省蘭

謄録監生臣何炳然

圖書在版編目（CIP）數據

伊洛淵源録 / (宋) 朱熹撰. — 北京：中國書店，2015.8

ISBN 978-7-5149-1282-1

Ⅰ. ①伊… Ⅱ. ①朱… Ⅲ. ①程朱學派－哲學家－列傳 Ⅳ. ①B244.65

中國版本圖書館CIP數據核字(2015)第099490號

文津閣四庫全書·傳記類

伊洛淵源録

作　者　宋·朱熹　撰

出版發行　中國書店

地　址　北京市西城區琉璃廠東街一一五號

郵　編　一〇〇〇五〇

印　刷　北京中創彩色印刷有限公司

開　本　710毫米×1020毫米　1/16

印　張　29.25

版　次　二〇一五年八月第一版第一次印刷

書　號　ISBN 978-7-5149-1282-1

定　價　七六　元（全二册）